Casting

Jordi Sierra i Fabra

# Casting

Notas y prólogo de
Ignacio Álvarez Montoya

Ernst Klett Sprachen
Stuttgart

1. Auflage 1 ⁶ ⁵ ⁴ ³ | 2023 22 21 20 19

Alle Drucke dieser Auflage sind unverändert und können im Unterricht nebeneinander verwendet werden.
Die letzte Zahl bezeichnet das Jahr des Druckes. Das Werk und seine Teile sind urheberrechtlich geschützt. Jede Nutzung in anderen als den gesetzlich zugelassenen Fällen bedarf der vorherigen schriftlichen Ein-willigung des Verlags.

Herausgeberin der Reihe *Literatura Juvenil*:
Prof. Dr. Andrea Rössler

Redaktion: Marcelo Rodríguez
Layoutkonzeption: Elmar Feuerbach
Gestaltung und Satz: Satzkasten, Stuttgart
Umschlaggestaltung: Sandra Vrabec
Titelbild: shutterstock (© Pavel Ignatov), New York
Bild S. 156: © Jordi Sierra i Fabra (Jordi Sierra i Fabra)
Druck und Bindung: Salzland Druck, Staßfurt


Printed in Germany


ISBN 978-3-12-535686-3

# Índice

# Prólogo

En *Casting* nos encontramos con un grupo de jóvenes que están a prueba. Como a cualquier persona les aparecen dudas, pero tienen ilusiones y están dispuestos a luchar por ellas. Sienten la llamada de la interpretación, un deseo de expresarse, de formar parte del mundo del espectáculo, por lo que están especialmente expuestos a la mirada y al juicio de los demás. Saben que para triunfar es necesario el esfuerzo, de modo que buscan la perfección y no les resulta fácil estar satisfechos con sus resultados. Además, son conscientes de que el éxito depende de factores que escapan a su control, lo que les hace especialmente frágiles.

Una vez más Jordi Sierra i Fabra demuestra en esta novela su capacidad para conectar con el mundo de los jóvenes y los asuntos que les preocupan. En muchos países existen formatos y programas televisivos en los que un grupo de chicos y chicas se enfrentan al examen de un jurado y a la opinión del público para desarrollar su talento. La sintonía del autor con algunas corrientes, tendencias y motivaciones de nuestro mundo le llevó a elaborar su libro meses antes de que comenzara en España la primera temporada de *Operación Triunfo*, con el que podemos encontrar ciertas similitudes. Este programa de televisión es un fenómeno mediático de dimensiones parecidas a las de *Alemania busca a la superestrella*, que saca a la luz muchos de los resortes de nuestra sociedad: la ilusión, pero también algunos de sus peores impulsos, como la explotación mediática de la gente, el juego con las emociones, la manipulación… y paradójicamente la frustración de muchos artistas jóvenes para los que la emisión del programa, junto con internet y algunos cambios en las discográficas, significó un nuevo obstáculo para realizar sus sueños.

Podemos percibir por parte de Sierra i Fabra una especial simpatía hacia sus personajes y, en concreto, a su capacidad para mantener con fuerza e intensidad el entusiasmo por hacer eso en lo que creen y que tanto les gusta. Probablemente reconozca en Esperanza, Verónica y Eugenio su propia y temprana vocación de escritor, con la inseguridad y dificultades que lleva consigo y el esfuerzo que se hace necesario para continuar y no darse por vencido. Desde luego, apreciamos un enorme respeto hacia los gustos y posiciones estéticas que aparecen representados en el texto. Esto se ve claramente en el respeto de Eugenio frente a la sincera pasión de su hermana pequeña hacia ídolos musicales que para él aparecen como algo infantiles, cursis o exagerados. Fuera del terreno de la ficción, el compromiso e interés de Jordi Sierra i Fabra en el desarrollo de la creación por parte de los jóvenes le condujo a crear la *Fundación Taller de Letras* que lleva su nombre.

*Casting* está escrito en un lenguaje vivo y cercano a la espontaneidad del habla de los jóvenes, con muchas expresiones del español coloquial. El lector de lengua extranjera podrá leer con naturalidad el texto mientras aprende nuevo vocabulario gracias a la ayuda de las notas.

En la producción literaria de Jordi Sierra i Fabra está presente su afición por la música rock y pop, que también encontramos en sus biografías, enciclopedias y trabajos especializados sobre algunos músicos y en su colaboración con revistas musicales como *Disco Express* o *Super Pop*. Dentro de estas publicaciones no sólo tuvo una relación de primera mano con diferentes corrientes musicales, sino que pudo comprender la importancia del estilo y la moda o el fenómeno de ídolos y fans. En definitiva, pudo mantenerse cerca de las preocupaciones y problemas que mueven al público joven y adolescente.

Es esta una etapa de la vida en la que se producen muchos cambios y se deciden muchas cosas. La importancia del apoyo familiar y de los amigos y la necesidad de tener confianza en un ambiente en que hay mucha competencia quedan patentes en *Casting*. El lector puede seguramente entender la mezcla de seriedad y superficialidad, de determinación y casualidad que corresponde a ciertos momentos de la vida y a la creación en general. La necesidad de cariño y reconocimiento por parte de los padres se mezcla de forma aparentemente contradictoria con la búsqueda de la propia identidad y la defensa del terreno personal y privado. De la misma forma, hay una necesidad de ser distinto al tiempo que se sigue el imperativo de la moda.

Uno de los peligros que puede encerrar una pasión cuando se vuelve obsesiva nos lo muestra el personaje de Verónica, que está entregado completamente a su vocación, a lo que desea, y a punto está de perderlo todo. Para ella, igual que para sus compañeros, es muy importante ofrecer su mejor imagen, ser lo que los otros esperan de uno. Mientras construye su identidad y recibe el reflejo de su personalidad en los demás, aparece una pregunta: ¿cuál es la verdadera imagen?

*Ignacio Álvarez Montoya*

Te levantas una mañana. Piensas que será una de tantas, un día cualquiera, que dentro de veinte años ni te acordarás de él. ¿Qué hiciste el 27 de mayo del año…? Y ni idea. Ni te importa.

Sin embargo, cada mañana tiene tres opciones. La buena, la
5  mala y la normal. Piénsalo. La normal es la de siempre, la que acabo de mencionar. Te levantas, vas al instituto o al trabajo, pasa el día y… si te he visto no me acuerdo. Uno de tantos. La mala sería que al salir de casa te atropellara un coche y te mandara al otro barrio. Adiós para siempre. Se acabó. Ese día
10  tú no lo ibas a recordar nunca, porque estarías muerto, pero los que te conocieron sí. En cambio, la buena podría ser que nada más salir de casa conocieras a la persona con la que, por ejemplo, vas a casarte y a pasar el resto de tu existencia. En tal caso, seguro que nunca ibas a olvidar ese día.
15  Así que hay días en la vida que son importantes.

Vaya si lo son.

Esos buenos, curiosos y extraños días que te recuerdan que la vida es maravillosa, incluidos sus absurdos, sus incongruencias, sus malos rollos y toda esa parafernalia con la
20  que nos solemos comer el tarro.

Pero no nos damos cuenta de su real medida hasta que pasa el tiempo.

Es el tiempo el que da dimensión a todo.

Sé que aquel día nos marcó, a los tres, por distintas razones.
25  Sé que fue uno de esos momentos cruciales e inesperados. No le dimos importancia entonces ni después. Pero hoy, ahora, comprendo que fue "el día". Pienso mucho en él.

Probablemente sucedió así.

---

1 **uno de tantos** *loc coloq* que no se diferencia de los demás en nada (por ninguna cualidad o característica especial) – 7 **si te he visto no me acuerdo** *loc coloq* para expresar falta de agradecimiento hacia up; *aquí:* hacia uc por no ser importante, ser indiferente – 8 **atropellar** golpear, chocar un coche con up – 9 **mandar al otro barrio a up** *loc coloq* matar a up – 16 **vaya** *interj* para comentar la satisfacción o decepción que produce uc – 16 **si** para dar énfasis a lo que se dice – 19 **un rollo** *Esp coloq* impresión, sensación negativa – 19 **la parafernalia** *iron* actividades habituales que acompañan determinadas ceremonias y rituales – 20 **soler** tener costumbre, hacer frecuentemente – 20 **comerse el tarro** *Esp loc coloq* pensar obsesivamente sobre ciertos temas o ideas – 24 **marcar** dejar huella o marca moral, determinar el carácter de up – 25 **crucial** decisivo, crítico, esencial

# Primera parte

## Ellas y él

*(Por la mañana)*

### 1 Verónica

5 El despertador sonó a las siete en punto de la mañana.

Bueno, no era exactamente el despertador, sino la radio. Una sintonía estridente y muy marchosa saltó al aire, le hizo abrir los ojos de golpe, en lo mejor del sueño, y casi al momento una locutora comenzó a dar el parte de guerra, las incidencias del

10 momento, algo de un terremoto en Centroamérica, y la última crisis del ministro de turno, y la depreciación del euro y…

Alargó la mano lo más rápido que pudo y presionó el botón de parada. Se hizo de nuevo el silencio.

—Oooh… —lo rompió ella con su gemido.

15 Se quedó boca arriba con los ojos cerrados, agotada ya por el primer esfuerzo del día: apagar aquella maldita letanía. Y permaneció así un largo rato. Trató de recuperar el sueño. ¿Quién era él? No tenía rostro. Siempre era alguien muy agradable y paseaban juntos, cogidos de la mano, y se besaban,

20 pero… No, no tenía rostro, nunca lo tenía. Ojalá conociese a alguien que entendiera de sueños.

—Mierda… —gimió.

¿Por qué tenía que madrugar tanto? ¿Para ensayar? ¿Para estar en forma? ¡Ya estaba en forma! Por la noche, mucho

25 ánimo, mucho insistir, pero cada mañana… el drama. Era como si en sí misma hubiese dos personas: la que por la noche

---

4 **Verónica** nombre de origen latino y hebreo cuyo significado original es "aquella que es la verdadera imagen". Quizá el autor quiere que este nombre represente simbólicamente aspectos y dilemas del personaje − 7 **estridente** ruidoso, escandaloso − 8 **de golpe** *loc* de repente, de una vez − 9 **un parte** información transmitida por un medio de comunicación (radio, televisión, *etc*) − 9 **una incidencia** uc que ocurre, sucede − 11 **de turno** *loc* en ese puesto, con ese cargo − 11 **la depreciación** disminuir, reducir el valor de uc − 12 **alargar** estirar uc en una dirección determinada − 12 **presionar** hacer fuerza, presión sobre uc − 12 **un botón** Knopf − 14 **un gemido** → gemir, expresar con voz de queja o lamento dolor o pena − 15 **boca arriba** *loc* echado, tumbado sobre la espalda − 15 **agotado** muy cansado − 16 **una letanía** *coloq* monotonía larga y repetitiva, insistencia − 17 **tratar de + INF** intentar conseguir un fin − 20 **un rostro** cara − 23 **madrugar** levantarse temprano − 23 **ensayar** hacer pruebas, ensayos musicales o teatrales − 25 **insistir** mantenerse firme en uc; repetir

podía comerse el mundo y la que por la mañana lo daría todo por no levantarse y dormir, dormir, dormir…

Cuando fuese famosa dormiría.

Ni por todo el oro del mundo se levantaría antes de las diez o las once de la mañana.

—Cinco minutos… Cinco minutos más —se dijo a sí misma envolviendo su voz en un suspiro.

Se quedaría dormida. Cinco minutos y se quedaría dormida. Después… todo serían prisas.

Tenía que levantarse, tenía que levantarse, tenía que levantarse…

Volvió a abrir los ojos de golpe. ¿Se había quedado dormida? Miró el reloj. Ya eran las siete y once.

—¡Maldita sea! —se puso en pie de un salto.

Más que caminar, se arrastró hasta el cuarto de baño. Salió de su habitación tan agotada como si por la noche hubiese bailado cinco horas seguidas o, peor aún, se hubiese ido de marcha. ¡De marcha! ¿Cuánto hacía que no…? Pero cada mañana aquel cansancio…

Se quedó quieta en medio del pasillo al oír la puerta del piso abriéndose con cuidado. Llevaba puesto el pijama, holgado, informal, cubriéndola de arriba abajo. Su madre entró despacio, sin hacer el menor ruido, sin encender la luz. Vero se cruzó de brazos y ya no se movió. La mujer avanzó por el pasillo caminando de puntillas y prácticamente tropezó con ella, porque no levantó la cabeza hasta que en medio de la penumbra vio su forma alta y estilizada, quieta, igual que una estatua.

—¡Ay, Vero, qué susto me has dado, por Dios! ¿Ya te has levantado?

Era la clásica pregunta obvia que tanto le molestaba. Sus ojos despidieron chispas.

—¿Y tú? —preguntó combativa.

—Vero, no empieces, que estoy cansada.

---

1 **comerse el mundo** *loc* confiar en el talento propio y estar listo para lograr éxito en la vida – 7 **envolver** *fig* rodear, cubrir – 7 **un suspiro** *suspirar*, respirar profundamente (seufzen) – 9 **la prisa** urgencia, rapidez, impaciencia – 15 **arrastrarse** ir de un lugar a otro tocando el suelo con los pies; desplazarse de un lugar a otro con dificultad (sich schleppen) – 21 **holgado** ancho, amplio – 25 **de puntillas** *loc* sobre las puntas de los pies para no hacer ruido, no llamar la atención – 25 **tropezar** chocar, colisionar – 27 **la penumbra** sombra, oscuridad con luz débil – 27 **estilizado** elegante, proporcionado – 31 **obvio** claro, evidente – 32 **despedir** echar – 33 **combativo** con disposición al ataque; listo para pelear, combatir

Su madre trató de pasar por su lado para meterse en su habitación. No la dejó.

—¿Vienes de bailar o te has retirado pudorosamente de la cama de alguien antes de que amaneciera?

5 —Vero… —le puso el dedo índice de la mano derecha por delante, pero su hija mantuvo el desafío.

Entonces la apartó de golpe, furiosa.

—¡Mamá!

La mujer entró en su habitación, arrojó el bolso encima de 10 la gran cama de matrimonio y se quitó la chaqueta mientras agitaba su inmensa melena descaradamente rubia. Vero seguía en el pasillo, con los brazos cruzados, las mandíbulas apretadas y los ojos violentamente rojos. La recién llegada regresó y le cerró la puerta en las narices.

15 —¡Mamá! —volvió a gritar la chica con más fuerza.

—¡A las nueve he de estar en el trabajo, así que no voy a perder el tiempo discutiendo!

Vero golpeó la puerta con el puño, pero fue más bien un gesto de impotencia y rabia. Ni la puerta se abrió, ni ella entró, 20 ni su madre reapareció ante sus ojos.

Se metió en el baño dando un portazo.


## 2 Esperanza

La ducha fue reconfortante.

Dejó que el agua le recorriera por todo el cuerpo, 25 vivificándola. No hubiera salido en unos minutos más de no ser porque su madre, desde el otro lado de la puerta, la llamó.

—¡Espe, ya está el desayuno!

---

3 **retirarse** irse, marcharse – 3 **pudoroso** decente, cuidadoso – 5 **dedo índice** dedo a continuación del pulgar que se utiliza para señalar o indicar – 6 **un desafío** provocación, combate – 7 **apartar** quitar, poner aparte – 7 **furioso** enfadado, con furia – 9 **arrojar** echar con fuerza o violencia uc – 11 **agitar** mover, oscilar – 11 **una melena** pelo largo de la cabeza que cae – 11 **descarado** fresco, desvergonzado (sin vergüenza o pudor) – 12 **una mandíbula** cada una de las dos piezas donde están los dientes y que sirve para morder (Kiefer) – 14 **dar a up con la puerta en las narices** loc coloq faltar al respeto a up negando uc que pide – 18 **un puño** mano cerrada cuando se aprietan los dedos con fuerza formando una unidad – 19 **la rabia** furia, gran enfado – 21 **un portazo** cerrar la puerta dando un golpe para mostrar menosprecio – 23 **reconfortante** que da fuerza y energía; que anima, actúa como un bálsamo – 25 **vivificar** dar vida, animar, confortar

Cerró el agua, se secó frotándose la piel con cuidado para no enrojecerla, e hizo lo mismo con el cabello, muy cortito, delante del espejo. Se acercó para observar las cejas, los ojos, los dientes, los labios… Se pasó las yemas de los dedos por la cara y sonrió. Luego se guiñó un ojo a sí misma y se puso una bata antes de salir. El desayuno estaba preparado en la mesa de la cocina, abundante como siempre, tan copioso que allí habrían podido comer media docena de personas. Se limitó a sentarse, porque cada mañana era igual, y empezó a devorar las tostadas y el beicon mientras alargaba la mano para alcanzar el vaso de zumo de naranja.

—Come despacio —le recriminó su madre.

—Vale.

—Si es que no comes, tragas.

—Vale.

—¡Ay, hija!

—¡Ay, mamá!

Silencio. Espe la observó con un rictus maligno en los ojos. La mujer tenía cara de preocupación, así que no la perdió. Saltó de un tema constante y eterno cada mañana a otro omnipresente en sus actuales circunstancias.

—Si ves a tu padre, recuérdale que el jueves es día uno.

—¿Y por qué he de verle? —Espe enderezó la espalda.

—No sé.

—Pues si no sabes…

—Tú tienes tu vida y a lo mejor no me lo dices, pero…

—Mamá, no —la cortó en seco.

—Vaya, cómo te has levantado hoy —suspiró la mujer agarrándose a su taza de café.

---

1 **frotar** pasar varias veces uc sobre otra con cierta presión (reiben) – 2 **enrojecer** poner roja (de color rojo) uc – 2 **el cabello** pelo de la cabeza – 3 **un espejo** tabla de cristal que refleja lo que está enfrente (Spiegel) – 4 **la yema del dedo** parte del dedo opuesta a la uña (Fingerkuppe) – 5 **guiñar** cerrar un ojo para señalar o mostrar algo – 6 **una bata** prenda de ropa holgada y cómoda que se utiliza para estar cómodo por casa – 7 **abundante** en gran cantidad – 7 **copioso** abundante, rico – 8 **limitarse** ponerse límites voluntariamente a sí mismo en lo que se dice o hace – 9 **devorar** comer con gran rapidez y hambre, con enorme deseo – 10 **una tostada** pieza o trozo de pan tostado (Toast) – 10 **el beicon** del inglés "bacon"; Esp bacón o panceta – 12 **recriminar** echar la bronca – 14 **tragar** comer sin apenas utilizar los dientes, con gran deseo – 18 **un rictus** gesto de la cara que expresa un determinado estado de ánimo – 21 **omnipresente** que está presente en todas partes – 23 **haber de + INF** tener que + INF, deber + INF – 23 **enderezar** poner recto, firme – 27 **cortar** detener el curso de algo – 27 **en seco** de repente, bruscamente – 29 **agarrarse** fig sujetarse con fuerza a uc

—Me he levantado como todos los días. Lo malo es que tú también te has levantado igual. Te bastan cinco segundos para llenarlo todo de nubes negras.

—Ya me callo —se hizo la digna alzando la cabeza.

5 —Si es que es verdad. A ver, ¿cuándo voy a ver yo a papá?, ¿eh? Yo no voy a pisar esa casa, así que…

—Es que yo no quiero llamarle.

—Pues mira, si quieres el dichoso cheque el día uno, tendrás que hacerlo. Si no, pasará lo de este mes y el anterior.

10 —También es tu dinero.

—Yo curro para ayudar, ¿vale? Era tu marido, así que es tu dinero.

—Es tu padre.

—¿Ahora es mi padre? Vamos, mamá.

15 La mujer dejó la taza de café y bajó la cabeza. Parecía a punto de llorar y Espe lo notó, pero la chica no cambió su actitud combativa, y más al oírla decir:

—Oh, Dios… Si volviera…

—¿Cómo que si volviera? —gritó Espe—. ¡Por Dios, mamá!
20 ¿Es que no tienes dignidad?

Se puso en pie, aún más furiosa.

—Espe… —quiso detenerla su madre.

—Llego tarde, lo siento —se apartó de su lado—. Y para tener la misma pelea de estos últimos cinco meses…

25 —¿Qué quieres que haga yo? —protestó la mujer.

—¡Sal de casa, eso has de hacer! ¡Y búscate la vida, lo que sea! ¡Vas a acabar dándote golpes contra la pared si sigues encerrada aquí llorando y lamentándote.

—Yo no lloro —gimió empezando a llorar.

30 —¡Dios, qué lista fue Amparo! —apretó los puños Espe.

—¿Qué…?

—Nada, mamá.

Salió de la cocina sin querer seguir discutiendo. No aquel día.

35 Era demasiado importante para perder la concentración en algo tan vulgar y cotidiano como el drama personal de su madre.

---

2 **bastar** ser suficiente – 4 **hacerse** hacer ostentación de uc para celebrarse a sí mismo – 4 **digno** noble, honorable, decente (würdig) – 4 **alzar** levantar, elevar – 6 **pisar** entrar en un lugar, estar en él – 8 **dichoso** *iron coloq* infeliz, molesto – 11 **currar** *Esp coloq* trabajar – 14 **vamos** ¡venga! ¡hombre! – 27 **darse up contra las paredes** *loc coloq* esforzarse up por conseguir uc sin lograr acertar con lo que desea, produciendo rabia, frustración; **una pared** muro que separa unas habitaciones de otras – 36 **cotidiano** de todos lo días

## 3 Verónica

Llevaba más de media hora haciendo gimnasia delante del espejo de su habitación. Las tablas se sucedían sin pausa. Luego le quedaban los estiramientos y las pruebas de baile y
5 dicción. Estaba tan concentrada que se sobresaltó al escuchar unos quedos golpecitos en la puerta. No le dio tiempo a decir «adelante»; Su madre abrió y no se vio con fuerzas para recordarle que debía esperar a que la invitara a pasar. No había forma. Le lanzó una mirada atravesada y se sorprendió
10 de su buen aspecto. Como si hubiese dormido ocho horas. Su aguante y resistencia eran increíbles. Salía casi a diario, mientras que ella, en cambio, en cuanto perdía unas horas de sueño…

—¿Qué haces? —le preguntó la aparecida.
—¿Es que no lo ves? —le respondió en tono cortante sin
15 dejar de hacer gimnasia.
—Ya —su madre pasó de ella—. ¿Te has levantado a las siete para eso?
—Hoy tengo un casting, ¿recuerdas?
—Oh, sí, el casting.
20 —Oh, sí, el casting —la imitó Vero con marcada ironía.
—Oye, menos nervios.
—Si es que te olvidas de todo.
—Menos de lo importante.
Vero se detuvo jadeando. Estaba empapada en sudor. Por
25 debajo de la cinta con la que se sujetaba el largo cabello negro apartó un mechón rebelde. Sus ojos echaban chispas.
—Esto no lo es, claro.
—¿Cuántos castings llevas?
—Este es diferente.
30 —Ya.

3 **una tabla** lista, programa o serie de ejercicios – 3 **sucederse** seguir unas detrás de otras continuadamente, sucesivamente – 4 **un estiramiento** extender o estirar los músculos del cuerpo – 5 **la dicción** manera de pronunciar o decir clara y limpia – 6 **quedo** suave, ligero, despacio – 9 **lanzar** echar, arrojar – 9 **atravesado** con mala intención, de mal carácter – 10 **aguante** resistencia, energía, paciencia – 11 **la resistencia** firmeza, capacidad de resistir – 14 **cortante** brusco, duro, impaciente – 16 **pasar de up** *loc coloq* no hacer caso, no prestar atención – 20 **imitar** hacer uc de forma parecida o con el mismo estilo que up – 20 **marcado** muy perceptible, destacado, acentuado – 24 **jadear** respirar con mucha vehemencia y frecuentemente por efecto del cansancio – 24 **empapado** completamente húmedo, lleno de un líquido – 24 **el sudor** líquido que produce el cuerpo (*p ej* al practicar un deporte) – 25 **una cinta** tejido, banda que sirve para sujetar uc – 26 **un mechón** porción o grupo de pelos separados del resto (Haarbüschel)

—Pasé la primera selección, ¿también lo has olvidado? Hoy es definitivo. Los que vamos tenemos auténticas posibilidades.

—¿Volverás a estudiar si no te aceptan?

—¿Volverás a quedarte en casa por las noches si me aceptan?

—Vero… —su madre puso cara de cansancio. Se apoyó en el quicio de la puerta y exhaló una gran bocanada de aire—. Tengo treinta y nueve años, cariño. Déjame vivir. ¿Qué quieres?

—Que seas normal.

—¡Soy normal! ¡Las demás son las raras! ¡Yo quiero vivir!

—Yendo así a la oficina vivirás poco.

—¿Qué le pasa a mi ropa? —se miró en el espejo.

Vero también la miró. El cabello rubio de fuego, los labios pintados, los ojos muy marcados, el top ceñido resaltando sus generosos pechos, la falda por encima de la rodilla, los zapatos de aguja, el pañuelo… Una imagen desmesuradamente sexy. Al no responder, su madre volvió a hablar.

—¡Ya querrían muchas mujeres de mi edad estar así, y sin quirófano!

—Mamá, por Dios —Vero le dio la espalda.

—¿Y tú qué? —la estudió de arriba abajo. No solía verla sin la ropa de calle, siempre holgada, o sin el pijama o la bata con la que andaba por casa—. ¿Has adelgazado?

—¿Adelgazar? —resopló Vero—. ¡Anda ya, las ganas!

—¿Has desayunado? —la mujer seguía observando aquella delgadez desmesurada, con todos los huesos a la vista y muy poca carne cubriéndolos.

—Sí.

—¿Qué has desayunado?

—Cereales con leche.

—No hay cereales.

—Me los he acabado.

—Vero, en serio… Estás en los huesos. ¿Te encuentras bien?

7 **un quicio** espacio donde giran las puertas y ventanas (Angel) – 7 **exhalar** respirar hacia fuera despidiendo una queja o cansancio – 7 **una bocanada de aire** golpe de viento que viene de repente y después se va – 14 **ceñido** estrecho, ajustado al cuerpo – 14 **resaltar** destacar – 15 **generoso** amplio, abundante – 15 **una rodilla** Knie – 16 **(un zapato de) tacón de aguja** Stöckelabsatz – 16 **un pañuelo** tejido normalmente pequeño que cubre cuello, cabeza, etc (Tuch) – 16 **desmesurado** exagerado, excesivo – 19 **un quirófano** sala de operaciones (*aquí:* de cirugía estética) – 20 **dar la espalda a up** *loc* menospreciar al no prestar atención – 23 **adelgazar** ≠ engordar – 24 **resoplar** jadear, respirar con fuerza – 26 **un hueso** cada una de las piezas duras que forman el esqueleto – 33 **estar up en los huesos** *loc coloq* estar muy delgado

—Pero qué dices —le cambió toda la cara—. ¿Es que no me ves?

—Claro que te veo, y pareces… anoréxica.

—¡Ya salió! —resopló Vero.

5 —Pues sí, eso mismo, te guste o no.

—Quiero ser artista, mamá, y las artistas están todas delgadas. Eso no significa que estén locas o que vayan a ponerse enfermas, ¿vale?

—Vero, cariño… —hizo ademán de querer llegar hasta ella.

10 La chica se lo impidió volviendo a iniciar sus ejercicios.

—¿No te ibas a trabajar? Vas a llegar tarde, y yo he de ponerme en forma, ¿de acuerdo?

—Eres… —la mujer apretó las mandíbulas rindiéndose—. No sé a quién demonios te pareces, porque ni siquiera tu

15 padre…

—Adiós, mamá —la empujó fuera del marco de la puerta para poder cerrarla tranquilamente.


## 4 Eugenio

Abrió un ojo al notar que entraba luz en su habitación.

20 Cualquier incidencia que alterara la oscuridad completa en la que dormía le despertaba. La puerta estaba abierta más o menos un palmo, y una cabeza femenina trataba de asomarse al interior.

Volvió a cerrar el ojo temiéndose lo que seguiría.

25 —Genio, ¿duermes?

Era inútil resistirse: su hermana pequeña se sentaría en la cama, le zarandearía e insistiría. Era de las que no se rinden.

—Sí —gimió.

—No, ¿ves?

30 Estefanía acabó de entrar, dejando la puerta abierta. No tocó la luz. Sabía que a él le molestaba.

—¿Qué quieres, pesada? —farfulló el chico.

---

4 **salir** *fam* salir con un tema o asunto inesperado o curioso – 9 **un ademán** actitud, gesto o movimiento – 10 **impedir** evitar – 13 **rendirse** capitular, darse por vencido – 14 **un demonio** diablo; *interj coloq* para maldecir – 16 **empujar** hacer presión sobre uc para que se mueva – 18 **Eugenio** nombre propio de origen griego que significa etimológicamente "de buen origen", "bien nacido" – 20 **alterar** cambiar, modificar, variar – 22 **un palmo** distancia que va desde el dedo pulgar hasta el meñique con la mano extendida y abierta – 22 **asomar** mostrar a través de una puerta, ventana, *etc* – 26 **inútil** ≠ útil – 27 **zarandear** agarrar a up por los hombros y moverla enérgicamente – 32 **farfullar** hablar rápido y de forma confusa

—Que me prestes algo.

—Algo.

—¿Dónde tienes el dinero? —solía dejarlo sobre la mesita, pero ahora no había nada.

5 —Has dicho «algo», no has hablado de dinero.

—Venga, hombre —se sentó a su lado, en la cama, y le apartó un poco el cabello que le caía por encima de la frente en un gesto cariñoso—. Hoy sale el disco de los Orange Crowl.

—¿Cómo es que cateas en inglés y luego sabes decir esas 10 palabras correctamente?

—Que llego tarde, pesado —se impacientó Estefanía.

—¿No puedes comprarlo mañana?

—Sí, hombre, y ser la última pringada en tenerlo. Mañana estará agotado, seguro.

15 —Eres una fan.

—Sí —reconoció ella. Luego se puso melosa y se le echó encima para abrazarle— Venga…, Genio.

—*Tu quoque, Bruto?*

—¿Qué has dicho? —se extrañó su hermana al apartarse.

20 Eugenio se desperezó sonriendo. Se preguntó qué diablos les enseñaban en la escuela. No sabían nada. No tenían ni idea de nada. Orange Crowl era lo último y más nuevo que llenaba sus vidas.

—El dinero está en mi cartera, y la cartera en… —hizo 25 memoria sin conseguir aclararse porque aún estaba medio dormido—. ¿Qué hora es?

—La hora en que los mortales de a pie comienzan a currar, tío. Ojalá hubiera nacido genio, como tú.

—Es muy duro ser un genio —se burló Eugenio.

30 —Ya —la chica empezó a registrar su ropa del día anterior, depositada en una silla. La cartera estaba allí. La extrajo, la abrió y cogió un billete de veinte euros. Volvió a guardar la

---

1 **prestar** dejar uc a up por un tiempo – 9 **catear** *fam* suspender – 11 **impacientarse** perder la paciencia – 13 **un pringado** *Esp fam despect* up que se deja engañar fácilmente – 14 **agotado** *aquí:* gastar del todo, acabar con las existencias – 16 **meloso** dulce, cariñoso – 18 *tu quoque?* frase latina que significa ¿tú también? Al parecer, se lo dijo Julio César a Bruto cuando supo que le había traicionado. Usada para indicar la ingratitud por los beneficios recibidos – 19 **extrañarse** sorprenderse o admirarse al oír o ver algo extraño – 20 **desperezarse** extenderse, estirar los miembros para despertar completamente – 22 **llenar** *fam* satisfacer, hacer feliz, dar sentido – 27 **un mortal** humano, hombre (ser que ha de morir) – 27 **un hombre de a pie** pluralidad de personas que representan las opiniones y gustos de la mayoría – 30 **registrar** investigar examinando con cuidado entre las cosas de up – 31 **depositar** poner – 31 **extraer** sacar

cartera y se lo mostró—. Te lo devolveré el sábado, cuando papá afloje la mosca.

—Eso espero.

—Que sí, hombre. ¿Cuándo te he fallado yo en la vida?

5 —¡Jo, qué cara!

—También soy tu primera fan, ¿no? —regresó hasta él para darle un beso en la mejilla.

—Pelota.

—¿Te veré a mediodía?

10 —No sé.

—¿A qué hora es el casting?

—Por la tarde.

—¿Vas a ensayar esta mañana?

—Sí.

15 —Suerte.

—Los artistas prefieren decir «rómpete una pierna».

—Pues rómpete una pierna —se encogió de hombros Estefanía—. Y gracias.

Desapareció, cerró la puerta y dejó la habitación a oscuras.

20 Eugenio se tumbó otra vez sobre la cama, boca abajo, con los brazos abiertos.

## 5 Esperanza

El metro iba a tope a aquella hora. La gente se apretaba como podía, encajando cuerpos, espacios, carteras o bolsas de 25 la mejor manera posible. La pequeña ola de calor primaveral contribuía a la sensación de horno que los agobiaba. Ni aire acondicionado ni brisas subterráneas. La transpiración fluía

---

2 **aflojar la mosca** *loc coloq* dar o gastar dinero a disgusto, con enfado – 4 **fallar up o uc** no responder como se espera – 5 **jo** *Esp interj coloq* para expresar enfado, irritación, asombro, etc (*euf* por joder) – 5 **la cara** *fam* desvergüenza, frescura – 7 **una mejilla** relieve del rostro bajo los ojos (Wange) – 8 **un pelota** *coloq* up que quiere agradar a otra celebrándola (Schleimer) – 16 **romperse una pierna** se dice que los artistas del mundo del espectáculo creen en la mala suerte que traen los deseos positivos de otros; en el teatro, *p ej*, es frecuente desear mucha mierda – 17 **encogerse up de hombros** *loc* levantar los hombros para mostrar que no se sabe responder ante una situación o mostrar indiferencia – 20 **tumbarse** echarse de manera horizontal – 23 **a tope** *loc* completamente lleno, hasta el límite de sus posibilidades – 23 **apretar** juntar estrechamente cosas y personas, hacer sitio para caber en un lugar – 24 **encajar** ajustar, unir, meter uc dentro de otra – 26 **contribuir** participar – 26 **un horno** lugar muy caliente – 26 **agobiar** deprimir, preocupar, agotar – 27 **una brisa** viento suave – 27 **subterráneo** que está debajo de la tierra – 27 **la transpiración** sudor – 27 **fluir** correr, circular un líquido o un gas

por las pieles, cubriéndolas de aquella pátina brillante que amenazaba con agruparse hasta convertirla en gotitas de sudor puro y duro. Cada parada, con el pequeño vaciado y el gran llenado, les obligaba a moverse de nuevo, readaptándose. Las

5 personas sentadas pugnaban por avanzar hacia las puertas, y las de las puertas, negándose a dejar el bloqueo, mostraban su resistencia al desalojo. Como si el espacio fuese suyo.

Esperanza, desde su metro setenta y cinco de altura, contempló aquel panorama tan cotidiano.

10 Odiaba el metro. Odiaba su trabajo. Odiaba a toda aquella gente.

Estaba tan llena de odio que…

Sintió algo más que un roce en su trasero y se volvió con todo su genio. Una niña que le llegaba a la altura del ombligo

15 la miró desde abajo con ojitos de víctima. En su mirada leyó algo parecido a un sucinto «perdón» y le dirigió una sonrisa de ánimo. Ella siempre había sido alta, muy alta, ni siquiera recordaba haber pasado por aquella tortura.

Claro que antes todo era distinto.

20 El metro llegó a una parada. Todavía faltaban tres para el centro, donde se vaciaba, e incluso quedaba algún asiento libre. Media docena de personas salieron como pudieron por la puerta más próxima a ella y una decena se empeñó en entrar a la carga. Todo se comprimió un poco más. La niña de

25 las profundidades emitió un gemido.

—Cuidado, que hay niños —protestó su madre inútilmente.

Uno de los recién llegados se fijó en ella. Era normal. Lo raro era que no hubiera sucedido antes. Siempre destacaba. No solo se trataba de su estatura, sino de su belleza. Aquellos ojos

30 limpios y transparentes, la nariz perfecta, los labios carnosos, la barbilla afilada, el cabello corto enmarcando el óvalo de su

---

1 **una pátina** barniz, líquido brillante – 2 **amenazar** poner en peligro – 2 **una gota** *dim* partícula de líquido con forma de esfera (Tropfen) – 4 **readaptarse** volver a ajustarse, acomodarse, adaptarse – 5 **pugnar** pelear, luchar, combatir – 7 **un desalojo** desalojar, hacer salir, sacar – 9 **un panorama** aspecto de conjunto de una cuestión o asunto – 13 **un roce** pasar tocando ligeramente la superficie de uc – 13 **un trasero** *euf* parte baja de la espalda sobre la que nos sentamos – 14 **el genio** carácter, temperamento fuerte y enérgico – 14 **un ombligo** marca redonda en el centro del estómago (Bauchnabel) – 16 **sucinto** breve, mínimo, conciso – 23 **empeñarse** insistir con uc y no descansar hasta que se realiza – 24 **una carga** *militar fig* ataque de un ejército – 24 **comprimir** apretar, oprimir, atrechar – 25 **emitir** decir, pronunciar, producir – 27 **recién** inmediatamente antes, hace muy poco tiempo; recientemente – 30 **carnoso** con mucha carne, grueso – 31 **una barbilla** extremo inferior de la cara – 31 **afilado** fino, agudo, en punta – 31 **un óvalo** forma curva de la cara

simétrica cara, y seguía el resto, el pecho, la cintura breve, las manos cuidadas y hermosas…

El hombre no apartó los ojos de ella.

Esperanza fingió ignorarle, pero le dolía el ejercicio. Le dolía, y no solo por cotidiano. Siempre había uno, dos o tres mirones. Siempre sentía cómo la desnudaban. Podía ver sus pensamientos. Podía escuchar sus voces. Era desagradable.

Un cisne en el estanque de los patos.

Por desgracia, en los castings todo eran cisnes, y allí su belleza se difuminaba, era una más. El imán que la hacía ser mirada y deseada se amortiguaba entre todos los demás, intensos, poderosos. En cualquier parte era hermosa menos entre cincuenta chicas igualmente hermosas. Lo que contaba entonces eran detalles, características, pequeñeces. La habían rechazado en uno por tener mucho pecho y en otro por tener menos del deseado, y en uno porque su cara les parecía antigua y en otro porque su rostro era demasiado expresivo, y en uno porque querían a una chica más baja y en otro porque bailaba o actuaba con demasiada profesionalidad.

Una locura.

Miró al hombre que no apartaba los ojos de ella y tuvo ganas de gritarle: «¡Y a ti que te pasa!, ¿eh, imbécil?».

Cuarentón. Uno más. Cuarentón y frustrado. Cuarentón y loco. Como su padre. Todos iguales. ¿Qué les sucedía a los hombres al llegar a determinada edad? ¡Mierda! ¿Acaso querían detener el reloj, volver atrás?

Otra parada.

Estaba nerviosa, lo reconocía. Muy nerviosa. La prueba de la tarde era esencial. Esa sí. Por fin había pasado una primera selección. Por fin tendría una oportunidad. Por fin. Si la aceptaban…

No tendría que volver a coger el metro cada día, aguantar a los babosos, esperar el cheque de su padre, dar clases a

---

1 **una cintura** talle (Taille) – 4 **fingir** simular – 4 **ignorar** no prestar atención, ho hacer caso – 6 **un mirón** up que mira indiscretamente, con demasiada curiosidad – 8 **un cisne** Schwan – 8 **un estanque** pequeño lago, laguna – 8 **un pato** pájaro de agua que camina con dificultad, parecido al ganso – 10 **difuminarse** perder claridad, intensidad; desaparecer – 10 **un imán** mineral con polos magnéticos que acerca a otros de forma espontánea, natural – 11 **amortiguar** reducir, hacer menos intensa la fuerza de uc pudiendo llegar incluso a terminar por apagarla completamente – 14 **una pequeñez** trivialidad, uc sin importancia, insignificante – 23 **un cuarentón** up que tiene entre 40 y 49 años – 25 **acaso** quizá, tal vez, por casualidad – 29 **esencial** fundamental, principal, decisivo – 33 **un baboso** coloq hombre enamoradizo al que le gustan mucho las mujeres y es pesado con ellas

aquellas niñas idiotas para subsistir, seguir en casa viviendo en la tristeza y la desesperación de su madre.

El casting era su oportunidad.

Su gran momento.

5 Empujado por los demás recién llegados, el hombre empezó a moverse hacia ella para verla más de cerca, aspirar su aroma, quizás rozarla. Esperanza le dirigió una mirada feroz. El hombre la captó. Fue como si le diera de lleno en mitad del cerebro. No hizo falta más. Se despistó y no continuó su 10 progresión.

La guerra nació y murió sin que nadie más se diera cuenta.

Después de todo, cada cual tenía la suya.

Esperanza tuvo deseos de gritar, pero no lo hizo.

## 6 Verónica

15 No se pasó mucho rato ensayando movimientos de baile delante del espejo. El baile lo tenía bastante controlado, por no decir casi totalmente controlado. Siempre se había movido con gracia aprovechando su delgadez. Bueno, cuando estaba delgada. Pero el ritmo, la armonía, la flexibilidad que permitía 20 soltar los músculos; lo llevaba en la sangre. Incluso cantaba bien.

Su *handicap*, de momento, era la interpretación.

Algo fallaba en ella, y en la prueba pasarían las mejores, las que dominaran todo de forma equilibrada, sin altibajos. ¿De 25 qué servía bailar y cantar bien si luego no sabía actuar?

Vero dejó de moverse y paró la música.

El silencio se expandió igual que una niebla fría por la habitación. Aquel silencio que odiaba tanto. El silencio de la muerte.

30 Si por lo menos les hubiesen dicho para qué era el casting, en qué consistían sus expectativas, en qué se estaban metiendo. Pero no. Nada. Lo único importante era que la productora era

---

1 **subsistir** mantenerse económicamente – 6 **aspirar** respirar introduciendo el aire en los pulmones – 7 **rozar** pasar uc tocando y oprimiendo ligeramente la superficie de otra o acercándose mucho a ella – 7 **feroz** agresivo, bárbaro, salvaje – 8 **captar** percibir, sentir – 9 **despistarse** perderse, perder la dirección que se llevaba – 18 **la gracia** habilidad, forma atractiva y agradable; elegancia – 20 **soltar** liberar, dejar libre – 24 **un altibajo** *coloq pl* desigualdad, desequilibrio, altos y bajos – 27 **expandir** extender, difundir – 31 **consistir** fundamentarse en uc esencial – 31 **una expectativa** esperanza, posibilidad, perspectiva de futuro – 32 **una productora** empresa de producción de cine, televisión, *etc*

de las mejores, así que iba en serio, no era una fantasmada. Chicos y chicas de entre dieciséis y veintiún años que supieran cantar, interpretar y bailar. Eso sonaba a serie de TV o a espectáculo musical. Y ambas cosas eran buenas, muy buenas. 5 Trabajo y despegue. Meterse ahí lo significaría todo.

Vero se miró en el espejo.

Dos de tres.

¿Por qué no había ido a una escuela de teatro?

Siempre se quedaba a un paso. Siempre le decían que le 10 avisarían, que había estado muy cerca, pero que lamentaban… Siempre.

Y los de la tarde querrían chicas completas, totales. En la primera prueba de selección se dio cuenta de que estaban allí para montar algo grande. Tal vez un *Fama* revisado para 15 empezar el siglo XXI.

El espejo.

Nunca la seleccionarían estando como estaba. Nunca le darían una oportunidad si no perdía al menos tres kilos. Llevaba días sin comer y aun así… los notaba, estaban allí, 20 eran tan evidentes… ¡Tenía más barriga que ayer! ¡Y su madre le decía que estaba demasiado delgada! ¿Qué sabría ella? ¿La quería como una vaca? ¡Para maciza ya estaba ella en casa, santo Dios!

Ninguna chica triunfaba siendo gorda. A las gordas las 25 contrataban para eso, para papeles de gordas, la mejor amiga de la protagonista, la simpática, la que servía para que los chicos se rieran. En las películas y en las series las gorditas eran las que morían antes a manos del sádico de turno, o las que se enamoraban sin éxito del protagonista y lloraban su soledad, o 30 las que metían como relleno, para demostrar que en el mundo había de todo. Pero nunca se convertían en estrellas. Ellos las querían delgadas, delgadas, delgadas.

Vero volvió a poner la música, enfadada consigo misma.

---

1 **una fantasmada** *coloq* dicho o hecho propio de **un fantasma** up presumida, afectada, que le gusta aparentar mucho – 5 **un despegue** despegar, iniciar up o empresa su actividad después de mucho esfuerzo y preparación – 9 **a un paso** *loc* muy cerca, a poca distancia – 10 **avisar** dar noticia, informar de uc – 14 **montar** poner u organizar lo necesario para que un negocio funcione – 20 **evidente** claro, manifiesto, incuestionable, obvio – 20 **una barriga** estómago, vientre – 22 **macizo** up de carne dura y consistente, llena, sólida – 24 **triunfar** tener éxito – 28 **un sádico** up que disfruta con el sufrimiento de otros (por el marqués de Sade) – 30 **de relleno** *loc coloq* se pone para llenar o alargar uc sin que sea necesario

A lo mejor, bailando toda la mañana sin parar, por lo menos perdía un kilito. Si les gustaba su cuerpo, disimularía al máximo su pobre interpretación.

Comenzó a bailar con rabia.

5 Con mucha rabia.

Hasta que se dio cuenta de que la desesperación lo que hacía era agarrotarle los músculos.

## 7 Eugenio

Entró en su *templo,* en la habitación donde trabajaba, 10 ensayaba, componía y pasaba casi todas las horas del día, y sintió el peso abrumador del momento.

El gran día.

La cita.

No es que tuviera prisa. Sabía que de una forma u otra 15 saldría adelante, con sus canciones, con el grupo, actuando…, pero cuanto antes echara a rodar, mejor. Que todos le llamaran Genio, diminutivo de su nombre, pero también una clara directa por lo que creían que era y lo que esperaban de él, a veces le asustaba. No todos los niños prodigio lograban lo que 20 querían, ni siquiera eran felices. Y él nunca se había visto como un niño prodigio. Jamás. De acuerdo, tenía facilidad para tocar instrumentos, y para componer melodías, y se sentaba y le salía una letra más o menos decente en diez minutos o quizá menos; pero de eso a ser un genio de verdad… Muchos de los 25 llamados genios se frustraban por serlo, tropezaban con su propia dimensión humana y se extinguían, o acababan locos.

No quería acabar loco.

Solo quería componer, tocar, cantar, actuar…

Eugenio contempló los instrumentos: la media docena de 30 teclados, uno de ellos de última generación, las tres guitarras eléctricas, el bajo, la batería, la flauta, la caja de ritmos, los

---

2 **disimular** ocultar, esconder algo – 7 **agarrotar** quedar firme o rígido un miembro del cuerpo – 11 **abrumador** que preocupa enormemente, agobia – 15 **salir adelante** *loc* conseguir con éxito lograr un propósito personal y, en general, en la vida – 16 **echar a rodar** *loc coloq* funcionar, ponerse en funcionamiento – 18 **una directa** *fam aquí*: referirse a uc indirectamente pero de forma tan directa que no es ya apropiado llamarlo indirecta – 19 **asustar** dar miedo, impresionar – 21 **un prodigio** up con cualidades maravillosas o extraordinarias para hacer uc; *en alemán* se dice *aquí*: "niño maravilla" – 26 **extinguirse** desaparecer, acabarse – 31 **una caja de ritmos** instrumento musical electrónico que permite componer, programar y reproducir secuencias de ritmo

ordenadores… Su mundo. Cuando estaba allí, el tiempo desaparecía, nada importaba. La soledad le arropaba y le daba calor. No necesitaba a nadie, ni siquiera a una chica. ¿Habría alguna tan loca como para querer compartir aquel universo
5   con él?

Aún no entendía por qué se había presentado a aquella prueba.

Un casting que buscaba «artistas completos». Cantar, bailar, actuar…

10   ¿Qué esperaba?

¿Dar un primer paso? ¿Salir de su cueva? ¿Probarse a sí mismo?

Sí, empezaba a creer que era eso.

Probarse a sí mismo.

15   Por eso estaba tan tranquilo. Era el gran día, tal vez su destino cambiase, pero estaba tranquilo, muy tranquilo. Pasara lo que pasara, siempre tendría aquella habitación, su universo, y tiempo para formarse, aprender, crecer, aunque muchos, sobre todo músicos, ya lo hubieran conseguido con dieciocho
20   años.

Toda una vida.

Llegó hasta el nuevo sistema de teclados. No presionó la puesta en marcha. Su mano derecha fue de arriba abajo trenzando una escala de notas que sonó amortiguada y sosa.
25   Les había dicho que era un buen instrumentista y ellos lo habían anotado. Tal vez su papel, si le cogían, tuviera más dimensión. Tal vez.

Seguro que todo aquello era para una serie de TV. Buscaban caras nuevas por explotar. No podía ser para una obra de
30   teatro. No, TV, seguro. Segurísimo.

Eugenio conectó el teclado.

Y comenzó a tocar.

Una de sus últimas melodías, todavía sin letra.

Cerró los ojos y desapareció. Solo su mano y el teclado,
35   la armonía, el mundo que fluía de su interior. Nada más. Suficiente.

Había tanta paz en aquel universo…

---

2 **arropar** *fig* cubrir, proteger con ropa – 16 **pase lo que pase** expresa que, de todos, así será en cualquier caso – 23 **una puesta en marcha** botón o mecanismo para poner en marcha un aparato – 24 **soso** sin gracia o viveza – 29 **explotar** sacar utilidad o provecho

## 8 Esperanza

Llegó al colegio a la hora en punto, tan en punto que tuvo que cambiarse deprisa y corriendo para estar en el aula al entrar las niñas, todas ya embutidas en sus ajustados trajecitos
5  negros, iguales. La primera sesión era con las pequeñas, diez y once años. No daban la impresión de estar cansadas por el madrugón de cada día; al contrario, sus energías ya se manifestaban en sus carreras, sus gritos, sus risas. La clase era optativa, un crédito variable, nada usual en una escuela salvo
10  que fuese como aquella, pero todas las mamás soñaban con ver a sus hijas destacando en algo, así que las habían apuntado sin vacilar. Las mismas niñas preferían aquello a pasarse una hora leyendo. En aquellos meses, desde que le dieron el puesto sustituyendo a una compañera que se había roto una pierna,
15  cinco madres de cinco niñas de diversas edades habían ido a hablar con ella para preguntarle qué tal iba su hija, si tendría un baile protagonista en la fiesta de fin de curso, y para asegurarle, muy seriamente «y sin pasión materna», que su retoño era buena, muy buena, y que se le notaba.
20  —Yo iba para bailarina, ¿sabe usted? Pero lo que es la vida, me casé y… Sin embargo, mi Cuca ha heredado mi talento, yo se lo noto. Necesita disciplina para saber aprovecharlo y ya está. Usted hágala trabajar, ¿eh?

Eran las mismas madres que llevaban ya a sus hijas a
25  castings para que un productor o un publicista las descubriera. Soñaban con ser "madres de". Una vocación eterna. Para cada una de ellas, y más en aquel colegio de lujo, sus hijas eran las mejores, las más guapas, las más inteligentes. No podía ser menos. Su condición social no se lo permitía. La clase no podía
30  emerger de los suburbios mal alimentados, sino de las zonas altas y respetables. Como ellos creían que siempre había sido.

—¡Bueno, ya está bien!

---

3 **deprisa y corriendo** *loc* muy rápido, con urgencia, desorden y confusión – 4 **embutido** → embutir, meter o llenar uc de algo apretando, encajando – 4 **ajustado** estrecho, ceñido al cuerpo – 7 **un madrugón** *coloq* madrugar, levantarse muy temprano – 9 **optativo** ≠ obligatorio – 9 **un crédito variable** en el sistema educativo español las asignaturas equivalen a cierto número de créditos según las horas de clase; ésta es variable, es decir que profundiza y refuerza conocimientos del alumno según sus posibilidades y aptitudes – 12 **vacilar** dudar – 20 **ir para una profesión** sentir inclinación o tendencia hacia un trabajo determinado – 22 **aprovechar** utilizar para el propio bien o provecho (Nutzen) – 23 **eh** *interj* ¿de acuerdo?; en general, para llamar la atención – 26 **una vocación** tendencia hacia una profesión o carrera

Estaba de mal humor. De muy mal humor. Si no se calmaba, por la tarde metería la pata. La discusión eterna con su madre, el problema de su padre.

¿Problema?

5  Sí, problema. ¡El muy idiota!

—¡Todas en fila, ya!

—¡Señorita, señorita! ¿Vamos a ensayar el baile de la pastora?

Mercedes Matas, con su voz de pito.

10  —Más tarde, primero hay que hacer unos ejercicios, ¿de acuerdo?

—¡Señorita Espe! ¿Puedo ir al lavabo? Es que no he podido…

Carola Jiménez, la patosa e inoportuna.

—Ve, Carola, y no tardes o te quedarás fría.

15  —¡Señorita Espe, mire a Susana!

No era el mejor día. Si gritaba, peor. Si no lo hacía, almacenaría energía negativa y luego le saldría por cualquier lado. No era el momento de preguntarse qué estaba haciendo allí. Era el momento de apechugar y punto. Si por la tarde
20  lograba que la aceptasen, si el casting iba bien, todo cambiaría, sería distinto. Al día siguiente a lo mejor ya no tenía que madrugar, subirse a un metro apestoso y dar clases de nada a un montón de niñas sin talento, porque allí ninguna tenía talento.

25  Pensó en las demás candidatas.

Todas se jugaban mucho.

Cada cual con su historia.

—¡Se acabó! —gritó de pronto dándoles un buen susto—. ¡La que no esté callada y a punto no baila este año! ¡Y va en
30  serio! ¿Preparadas? ¡Pues venga! —puso música y se dirigió al grupo, ahora todas más tiesas que un palo—. ¡Un, dos, un, dos, tres…! ¡Mireia, esos brazos! ¡Y tú, Paula, arriba, arriba, arriba! ¡Graciela!

---

2 **meter up la pata** *loc coloq* hacer o decir algo que es un error, equivocación o algo inoportuno (fuera de lugar) – 8 **un pastor** up que cuida, guarda, guía y alimenta un grupo de animales, como ovejas o vacas – 9 **un pito** voz muy aguda, mal modulada y desagradable – 12 **un lavabo** *euf* váter, servicios – 13 **patoso** up que, sin serlo, se hace la graciosa o chistosa, resultando pesada, molesta – 13 **inoportuno** inadecuado, fuera de lugar o de tiempo – 17 **almacenar** guardar, llenar – 19 **apechugar** cargar con la responsabilidad de una obligación o situación no deseada y cumplir con lo esperado – 19 **y punto** *loc coloq* fin del asunto, no hay más que hablar – 22 **apestoso** que huele muy mal, apesta – 26 **jugarse** arriesgar, asumir un riesgo que pone en juego algo de importancia – 31 **tieso** recto, firme, rígido – 31 **un palo** pieza de madera más larga que gruesa

## 9 Eugenio

Tocó la melodía con las dos manos, en el piano, muy suave, y dejó que la voz se arrastrase en forma de lamento sobre la base armónica, apenas esbozada como en un rezo. No era más que
5 una improvisación, pero siempre lo grababa todo. La libertad fluía.

*Grítale mi nombre al viento,*
*y lo hará su prisionero.*
*Yo gritaré el tuyo hacia adentro,*
10 *para que me abrase entero.*

No continuó cantando. Percibió el movimiento a su izquierda, de refilón, y volvió la cabeza. Su madre estaba allí, con las manos unidas abajo y los ojos iluminados arriba. La puerta entreabierta.
15 —¿Es tuyo? —le preguntó al ver que no seguía.
—Ya sabes que sí.
—Es muy bonito.
—Algo lorquiano —se encogió de hombros—. De todas formas, gracias. Menos mal.
20 —Cualquiera diría…
—Mamá, no te gusta nada de lo que hago, no nos engañemos.
—No es verdad —se defendió la mujer.
—Sí lo es —aseguró él—. Si no fuera por papá…
25 —Bueno, ya sabes que a mí eso de ser artista…
—¿Qué hay de malo en ser artista?
Siempre trataba de convencerla. Siempre le dolía que la suya fuese la única madre que no apoyaba a su hijo con los ojos cerrados. Le había tocado a él. Estudiar, estudiar, estudiar…
30 Todo lo que no se aprendiese estudiando no existía, no valía la pena. El talento era un engaño, una trampa ilusoria.

---

4 **esbozado** → **esbozar** comenzar a formar un gesto, indicarlo ligeramente – 4 **un rezo** → rezar, dirigirse a Dios – 8 **un prisionero** up a quien se mantiene en un lugar contra su voluntad, en prisión – 10 **abrasar** encenderse una pasión con tanta fuerza que quema como el fuego hasta consumir a up – 12 **de refilón** *loc* de lado, superficialmente – 14 **entreabierto** a medio abrir, medio abierto – 18 **lorquiano** relativo a Federico García Lorca y característico de este poeta y dramaturgo español; se suele asociar a su obra un universo muy personal de carácter popular, emotivo y surrealista – 27 **convencer** hacer que up acepte uc mediante argumentos – 31 **valer la pena uc** *loc* ser importante o estar bien empleado, utilizado el trabajo que cuesta – 31 **una trampa** engaño – 31 **ilusorio** irreal, imaginario, ficticio

—Ya lo sabes —la mujer plegó los labios—: drogas, bebida, inestabilidad, conflictos emocionales, cambios constantes de pareja, un hijo con esa y otro con aquella, tensión por el fracaso, la locura del éxito…

5 —Un infierno —se burló él.

—El dinero no lo compensa.

—Yo no lo hago por dinero, mamá. Lo hago porque lo siento, y porque es mi vida. Es muy distinto.

—Si estudiaras y te prepararas, luego podrías…

10 —A los treinta años ya no, mamá. Un escritor puede escribir a los sesenta, setenta u ochenta, pero un músico… Puede que las manos te fallen, qué se yo. Es distinto —le respondió con su habitual paciencia—. Además, ya estudio. Música e interpretación.

15 ¿Cuántas veces habían mantenido aquel diálogo? ¿Por qué perdía el tiempo tratando de convencerla, y más en un día como aquel? Y sin embargo era incapaz de gritarle. No a ella. Si por la tarde el casting era un éxito, todo podría empezar a ser distinto. La independencia, irse de casa, su propio

20 apartamento. A veces comprendía que lo necesitaba. Tener a su padre a favor no lo era todo. El grupo aún no daba dinero; solo trabajo, horas, ensayos. Y no era tan bueno como pensaba. No, no lo eran. Sus canciones se perdían, les faltaba algo, esa chispa especial. Lo sabía.

25 Sí, tenía que reconocerlo, por eso se había presentado al casting.

No era por probarse a sí mismo.

¿A quién quería engañar?

Pasara lo que pasara, como había pensado antes, siempre

30 tendría aquella habitación, su universo, y tiempo, sí. Pero con su madre al otro lado de la puerta, sus sentimientos de frustración, sus miedos…

¿Cómo explicarle lo que sentía? ¿Cómo se le dice a un ciego qué es el rojo y qué es el verde, o la diferencia entre la luna

35 llena y una puesta de sol?

—Eugenio, tu abuelo, que en paz descanse, decía…

---

1 **plegar** doblar, fruncir – 6 **compensar** igualar en sentido contrario el efecto de uc con el de otra, de forma que se equilibra lo negativo con lo positivo – 17 **incapaz** ≠ **capaz** que puede, que hace posible uc – 20 **un apartamento** piso pequeño para vivir, pequeña vivienda – 24 **la chispa** gracia, agudeza de espíritu – 32 **la frustración** insatisfacción al no lograr un propósito u objetivo – 35 **una puesta de sol** cuando el sol se pone al hacerse de noche, al llegar la oscuridad

Esta vez la detuvo, con tacto pero también con firmeza.
—Mamá, déjame ensayar, ¿quieres? Hoy no, por favor.


## 10 Verónica

Dos meses sin el período.
5  Dos malditos meses sin la maldita regla.
Y, desde luego, no estaba embarazada.
Eso seguro, imposible.
Simplemente se le había retirado, o retrasado en grado superlativo. Antes ya era bastante irregular, sobre todo en
10  el último año, lleno de desórdenes; pero, con más o menos puntualidad, llegaba para inundarla de dolores y hacerle pasar un mal rato.
Hasta hace un mes.
Comprobó sus bragas. Todo estaba igual, en orden. No sentía
15  nada raro. Nada.
¿Tendría cáncer? ¿Algo anómalo? No, probablemente todo se debiera a los kilos de más. Tantos días sin comer apenas, bebiendo agua, y tenía barriga. ¡Barriga! Qué absurdo.
Mañana buscaría un ginecólogo. Nunca había ido a ninguno
20  y tal vez iba siendo hora. Le producía un poco de angustia eso de que un extraño o extraña se pusiera a tocar y a hacerle preguntas. «¿Has hecho el amor?» «No.» «¿Segura?» «¡Pues claro que sí! ¿Con quién voy a hacerlo, eh?»
Y no podía hablar con su madre. Con ella menos que nadie.
25  Empeñada como estaba en que parecía un palo.
Además, su madre no estaba para perder el tiempo con ella. Bastante tenía con pasarlo bien. Su única preocupación era divertirse, salir cada noche, conocer hombres, amigos, como los llamaba ella. «Nuevas expectativas», como solía decir.
30  Su madre era…
No quiso pronunciar el nombre, ni siquiera mentalmente. Le dolía.

---

1 **la firmeza** cualidad de firme, constante, enérgico – 4 **el periodo** ciclo de la menstruación en las mujeres – 5 **la regla** menstruación, mes – 8 **retrasar** tardar en la acción de algo; dejar para más tarde, retardar – 11 **inundar** llenar, cubrir uc de algo – 14 **una braga** *Esp pl* slip, ropa interior femenina – 16 **anómalo** fuera de lo normal, de la norma – 19 **un ginecólogo** médico de mujeres (para las enfermedades propias de ellas) – 20 **la hora** tiempo adecuado u oportuno para hacer algo – 20 **la angustia** estrés, ansiedad

Se subió las braguitas, volvió a ponerse el body y fue a la cocina a por un vaso de agua antes de regresar a su habitación. Al pasar por la sala sintió el reclamo y se quedó mirando las fotografías de la mesita. Una docena o más de instantáneas de los viejos tiempos. Muy viejos tiempos ya. En ellas se les veía felices a los tres. Una familia. Su padre, su madre y ella misma. Ella con dos años, y luego tres, cinco, siete, diez…

Pero lo más importante era él.

Su padre siempre se reía.

El hombre más feliz del mundo.

—Papá… —suspiró Vero.

Tantos años, y aún le costaba aceptarlo. Siete ya. El mes próximo se cumplirían. Su vida se había detenido a los diez años de edad, el día en que llamaron para decirles que él estaba en el hospital después del accidente.

Cogió su fotografía favorita. Ella estaba sobre los hombros de su padre. Un día mágico e inolvidable. Su madre también estaba preciosa. Siempre lo había sido, pero en aquellos momentos más. Se querían tanto… Estaban tan enamorados… Lo que la había cambiado eran el tiempo y la soledad.

Sin vuelta atrás.

Vero besó el cristal sobre la imagen de su padre.

A veces, de noche, en la cama, su rostro se perdía, no lograba retenerlo. Se desvanecía en las sombras del pasado y en su lugar aparecía un hombre sin cara. Tenía que abrir la luz y mirar la fotografía de su padre en la mesita de noche, asustada. Eso la calmaba. Pero había otras cosas, como el sonido de su voz, el canto de su risa, su olor…

Cumpliría dieciocho años en tres meses. Si conseguía superar el casting y le daban aquel papel, el que fuese, ganaría su primer dinero. Podría independizarse. Podría cerrar la puerta del pasado de una vez y enfilar el futuro. Adiós a su madre y a su locura.

—Ya no aguanto más, papá —le dijo a la fotografía—. Ya no aguanto más.

---

1 **un body** *del inglés* ropa interior femenina de una sola pieza, elástica y ajustada, que cubre el *tronco* o parte superior del cuerpo (Oberkörper) – 3 **un reclamo** llamada, que exige atención – 24 **retener** evitar que up se vaya, mantener en un lugar – 24 **desvanecer** desaparecer, borrarse, difuminarse – 30 **superar** pasar con éxito – 32 **enfilar** tomar una dirección hacia un lugar determinado, dirigirse hacia él – 35 **aguantar** resistir, soportar

## 11 Esperanza

En el patio de la escuela todo eran gritos. Decenas de chicas de diversas edades se mezclaban en un pandemónium coral en el que no faltaba nada. Las había jugando al baloncesto, al
5 voleibol o al balonmano en los campos de deporte; las había conversando, paseando o desayunando perdidas por todos los rincones; las había hablando por teléfono a escondidas, porque allí estaba prohibido usar el móvil, y las había fumando aún más a escondidas, porque eso era peor. A veces se asombraba
10 de que las chicas fumasen más que los chicos, y cada vez más jóvenes. Estaban locas, ¡locas! No tenían ni idea. Y para cuando comprendieran de qué iba la película sería tarde. Ya estarían enganchadas.

Cuidar el cuerpo y la mente era tan esencial.
15 Nada se conseguía sin un cuerpo y una mente limpios, descontaminados.

Espe miró al grupo de chicas que jugaba al baloncesto, el más próximo a ella. Trató de recordarse a sí misma en una escena parecida, sin hallar el menor rastro en su interior.
20 Nunca había practicado un deporte. Siempre quiso ser actriz, bailarina, cantante… Lo que fuera menos nada. Lo que fuese mientras la permitiese romper la catarsis y triunfar, salir de la mediocridad. Creía que siendo alta, guapa y bien formada lo lograría, pero resultaba que no.
25 También tenía que ser buena.

Y estaba allí, trabajando, en lugar de estar en casa practicando, preparándose para la cita de la tarde.

—Tenías que jorobarnos la vida a todos egoístamente, ¿verdad, papá? —apretó las mandíbulas con furia.
30 Se llevó la mano al bolsillo del chándal al recordar algo y extrajo el móvil. Lo puso en marcha. Tenía un mensaje. Un mensaje y muy poco dinero en la tarjeta, por no decir nada. Llamó al buzón de voz y escuchó a su hermana Amparo:

---

3 **un pandemónium** *coloq* lugar en el que hay mucho ruido y confusión – 5 **el voleibol** *del inglés* volleyball; balonvolea, deporte que se juega en equipo, con balón y red – 9 **asombrar** soprender, extrañar, llamar la atención – 12 **una película** *fig fam* tema, vida, historia – 13 **enganchar** *coloq* depender de uc, ser adicto a ella – 16 **descontaminado** ≠ contaminado, sucio, impuro – 22 **romper** empezar, comenzar – 22 **la catarsis** liberación, purificación transformación – 23 **la mediocridad** vulgaridad, medianía; de poco mérito, de calidad media, más bien malo – 28 **jorobar** *coloq* fastidiar, molestar – 30 **un chándal** ropa deportiva cómoda formada por pantalón y jersey o chaqueta amplios – 33 **un buzón de voz** en telefonía, lugar donde se guardan mensajes orales

—Llámame cuando puedas.

Si le telefoneaba, apenas podrían hablar un par de minutos, y quizás necesitase lo que le quedaba de saldo para algo más importante o urgente. Se mordió el labio inferior y se dirigió
5 al edificio principal. Una de las ventajas de que aquel fuese un colegio de "niñas bien" y solo de "niñas bien", un raro caso de enseñanza no mixta en los tiempos actuales sin casi natalidad, era el relajamiento de las normas. Allí no había terrorismo escolar. El despacho de Úrsula, la directora, solía estar siempre
10 abierto y vacío, porque ella andaba ocupada haciendo de todo menos calentar su silla. Se arriesgó, entró y llamó a Amparo. Cuando escuchó su voz al otro lado de la línea fue rápida:

—Telefonéame al móvil. No tengo saldo en la tarjeta.

Colgó el auricular y salió como una sombra furtiva, corriendo
15 para que el zumbido no la pillase en los pasillos. Alcanzaba el patio cuando sonó la musiquita apenas unos segundos. Ya estaba preparada.

—¿Amparo?

—Hola, ¿qué haces?

20 —¿Tú qué crees? Estoy en el recreo.

—Bueno, es que quería charlar, no era urgente. Me da apuro llamar a mamá para ver qué tal.

—¿Qué tal? —dijo Espe con sarcasmo—. Ya te diré yo qué tal: está cada día peor.

25 —¿No será que tú no tienes paciencia?

—Amparo, vale.

—Necesita tiempo, eso es todo.

—¿Cuánto?

—Solo hace cinco meses.

30 —¡Dentro de cinco años estará igual! Le gusta sufrir y llorar.

—Es que ha sido un palo para ella, mujer. ¿Qué quieres, que se lance a la calle a buscar otro? Ayúdala un poco más y no le des la vara.

---

6 **un niño bien** joven de familia rica o acomodada algo presumido, afectado – 7 **mixto** de ambos sexos, mezclado – 7 **la natalidad** nacimientos – 10 **andar** estar, hacer, ocuparse de algo – 11 **calentar la silla** *expresión* para indicar que up permanece sentada en su puesto sin trabajar realmente – 11 **arriesgar** asumir un riesgo, poner en juego – 14 **un auricular** aparato que se pone en la oreja para poder escuchar al hablar por teléfono – 14 **furtivo** escondido, que se hace a escondidas – 15 **un zumbido** ruido, sonido – 15 **pillar** *coloq* sorprender, descubrir haciendo uc – 21 **el apuro** vergüenza, pudor – 23 **el sarcasmo** burla, broma irónica y cruel – 31 **un palo** *fig coloq* seco, duro, poco atractivo – 33 **dar la vara a up** *loc coloq* fastidiar, molestar, aburrir con cosas inoportunas o exigencias continuas

—Oh, mira quién habla —se burló Espe—. Tú has abandonado el barco oportunamente y te has ido a vivir con tu Quique, pero yo sigo allí, sola con ella.

—No iba a quedarme —se defendió su hermana mayor.

5 —No, claro. ¿Sabes qué ha dicho hoy? —y continuó sin esperar a que su hermana le preguntara—. Ha dicho que si volviera le perdonaría.

—¡Jesús!

—¡Sería capaz!

10 —Nunca se hará a la idea —suspiró Amparo. Y de pronto se quedó silenciosa, gravitando sobre un extraño paréntesis, hasta que dijo—: Espe, ayer…

—¿Sí?

—En realidad te había llamado por algo —se lo soltó de 15 pronto—. Ayer vi a papá.

El nuevo silencio fue mucho más denso.

—¿Espe?

—Sí.

—Escucha, esas cosas pasan, tú y yo ni siquiera sabemos 20 cómo estaban ellos de verdad, qué relación tenían. No tiene sentido…

—Papá se ha ido con una más joven, es todo lo que sé —fue terminante.

—Tiene treinta y seis años, no es una cría.

25 —Separada y con dos hijos.

—¿Por qué no le das una oportunidad?

—Él no me la ha dado a mí. Lo pasamos mal. Yo he de trabajar. Hoy tengo una prueba y estoy aquí, en este maldito lugar, y gracias. No me hagas reír, Amparo, por favor.

30 —Tampoco él va muy suelto de dinero.

—Que lo hubiera pensado antes. ¿Dónde le viste?

—Fui a su casa.

—¿Qué? —estuvo a punto de gritar.

—¡Alguien tenía que dar el paso, por Dios, no te pongas 35 borde!

—¡Tienes un valor… y unas tragaderas…!

---

10 **hacerse a la idea** *loc* aceptar, asimilar algo – 11 **gravitar** flotar, estar en suspensión –
11 **un paréntesis** suspensión, interrupción – 14 **soltar** *coloq fam* dejar salir, compartir
lo que se sabe – 16 **denso** compacto, intenso ≠ ligero – 23 **terminante** definitivo,
incuestionable, concluyente – 24 **un crío** *coloq* up de conducta irreflexiva o ingenua –
30 **suelto** liberado, amplio, libre – 35 **borde** *Esp coloq* con mal carácter, fresco – 36 **el
valor** *iron despect* desvergüenza, gran atrevimiento para hacer algo con decisión –
36 **una tragadera** *Esp pl coloq* facilidad para tolerar lo inconveniente, falta de
escrúpulos para admitir lo moralmente discutible

—¡Ella no es mala tía, le quiere, y los dos pequeños son un encanto!

—¡Quieres callarte!

—Espe, por Dios… No te hagas mala sangre, no sirve de
5 nada. ¡Sigue siendo papá, y lo será siempre!

Ya estaba harta de aquella conversación.

—He de volver a clase —anunció—. Como encima me despidan…

—¿Comemos hoy? —Amparo fue rápida.

10 —Debo ensayar. Ya te he dicho que tengo una prueba.

—¿Es importante?

—Pasé la primera selección. Parece que sí.

—Tarde o temprano lo conseguirás, tranquila. Eres disciplinada, tozuda y perfeccionista. Y solo tienes diecinueve
15 años. Sabes que te cuesta, pero siempre lo consigues todo. ¿Vale?

—Vale, Amparo. Adiós.

—¡Te llamaré esta noche!

Cortó la comunicación justo cuando sonaba el timbre de
20 vuelta a clase.


## 12 Eugenio

La llamada telefónica le arrancó de su abstracción mental. Todo su montaje zen se le vino abajo al irrumpir de nuevo la realidad en su pequeño mundo. Volvió a la tierra, se levantó y
25 agarró el teléfono al quinto zumbido. Respiró con dificultad, como si en los últimos minutos no lo hubiese hecho.

—¿Sí?

—¿Genio? Soy yo, Jonás.

Jonás Estapé. Un buen amigo, un buen profesional, aunque
30 del lado más underground. Había fundado un pequeño

---

2 **un encanto** atractivo, preciosidad – 3 **callar** no hablar, permanecer en silencio –
4 **hacerse mala sangre up** *loc coloq* preocuparse mucho por una situación complicada
y dolorosa – 7 **anunciar** comunicar, hacer saber – 7 **encima** además – 14 **tozudo**
constante, resistente, firme – 19 **cortar** cerrar, terminar – 22 **arrancar** quitar, separar
con violencia – 22 **la abstracción** concentación total en el pensamiento sin prestar
atención al exterior – 23 **un montaje** farsa, construcción de algo en apariencia
real pero que no lo es – 23 **el zen** escuela budista de origen japonés que busca la
iluminación espiritual mediante técnicas que evitan el discurso lógico y los esquemas
conceptuales – 23 **irrumpir** entrar brusca, violentamente – 30 **underground** que en las
manifestaciones culturales se aparta o no sigue la tradición y estructuras establecidas

sello independiente, Redondos Tron. Decía que mejor eso de Redondos que Discos Tal o Tal Records. Manejaba una buena carga de prestigio, así que ahora esperaba manejar vidas y obras. Le había enviado una maqueta con lo último hecho por 5 ellos, Los Genios.

—Hola, Jonás —se desperezó.

—¿No estarías durmiendo a esta hora?

—No, tranquilo. Ya llevo bastante currando. ¿Qué hay? ¿Lo has oído?

10 —Ajá —fue lacónico el que llamaba.

—¿Y?

—¿La verdad?

—No. A ver.

—Las canciones, buenas. Las letras, cojonudas. La música…, 15 tío, cada vez mejor. Estás cerca de conseguir eso que pocos logran, un estilo propio, un sonido.

—Pero…

—Exacto, hay un pero. Y gordo. Y tú sabes mejor que nadie cuál es, así que ni tendría que decírtelo.

20 —El grupo —suspiró Eugenio.

—El cantante no es nada del otro mundo —se disparó Jonás—. Tú, como segunda voz, tienes más fuerza y sentimiento, aunque me digas que no quieres ocuparte de todo. Y la sección de ritmo… ¡Coño, tío, que el ritmo es la clave! 25 Si está, no ha de notarse. Pero cuando notas que está y encima no lo lleva bien… Vamos, tío —parecía que le doliera hablarle así—. Tú eres muy bueno, pero ellos no. O te lo montas solo, o haces cambios.

—Llevamos juntos la tira.

30 —¡Eh, oye! ¿Crees que todos los grupos salen del cole y ya está, siempre los mismos, sin cambios? ¡U2 fue el último, y eso nada más empezar los ochenta! ¡Hasta los Beatles cambiaron a dos!

---

1 **un sello** firma o empresa (especialmente de discos, libros y películas) – 1 **un tron** reducción *fam* de **un tronco** *Esp coloq* colega, amigo, compañero; también **-tron** sufijo de ciertas partículas físicas – 3 **una carga** peso, contenido – 3 **el prestigio** fama, reconocimiento, respeto – 3 **manejar** dirigir; utilizar – 4 **una maqueta** grabación de prueba de temas musicales – 10 **ajá** *interj coloq aquí:* para mostrar aprobación, acuerdo – 10 **lacónico** breve, conciso, seco – 14 **cojonudo** *Esp vulg* estupendo, magnífico, excelente – 18 **gordo** muy grande, grave – 21 **nada del otro mundo** *loc coloq* nada especial; típico, normal – 24 **coño** *Esp vulg coloq* interjección para expresar extrañeza o sorpresa – 24 **una clave** llave, secreto – 29 **la tira (de tiempo)** *Esp coloq* un montón (de tiempo) – 31 **U2** famoso grupo de música rock irlandés – 32 **hasta** incluso – 32 **los Beatles** grupo inglés que revolucionó la cultura y estilo musical desde los años 1960

—Uno se marchó antes y se murió —le corrigió Eugenio.

—Oye, que por mí… —forzó un impasse evidente el director de Redondos Tron.

—Danos unos meses. Este verano puede que actuemos, y con el directo…

—¿Sabes qué pienso?

—No, ¿qué piensas?

—Que aunque la música sea importante para ti, y también componer y cantar, en el fondo… no sé, estás esperando algo por otro lado.

—Todo me gusta —reconoció él.

—¡Eres un todoterreno! Está bien que no le hagas ascos a nada. Pero por mucho que también te guste interpretar, y hasta bailar, pocos tíos tienen tu talento con la composición y tocando instrumentos. ¡Joder, macho, no lo pierdas!

¿Le hablaba de la prueba de la tarde?

No, mejor no. Jonás no sabía nada. Pero le editaría un primer disco cuando lo que grabasen tuviese cara y ojos.

—Tranquilo —dijo Eugenio—. A ver qué pasa este verano, ¿vale? Si no mejoramos, hablaré con ellos. Tampoco son tontos.

—Es una pena que pierdas estos meses —insistió su amigo—. Pero tú sabrás lo que haces, Genio.

—No, no sé lo que hago —dijo con calma—, pero supongo que ya me daré cuenta. Tampoco voy a comerme el tarro por ello.

Al otro lado de la línea escuchó el bufido de Jonás Estapé.

Se preguntó por qué todo el mundo corría y empujaba tanto siempre, siempre, siempre.

## 13 Verónica

En otro tiempo, cuando era joven, recién terminada la guerra, su abuelo había sido cantante. En una orquesta. La Gran Orquesta Miraflores. Ahora su voz era la de un anciano de

---

2 **un impasse** situación en que no se encuentra salida – 12 **un todoterreno** up que puede realizar múltiples funciones, que se adapta a todo – 13 **no hacer ascos a uc** *loc coloq iron* aceptarla con aprobación, gusto – 15 **joder** *interj coloq vulg* expresa enfado, irritación, asombro, *etc* – 15 **macho** *interj coloq* para referirse a varones al hablar con ellos – 17 **editar** publicar – 27 **un bufido** *coloq* bufar, manifestar enfado extremo (como un toro o un animal que echa aire por la boca)

ochenta y tres años. Ni más ni menos. Sonaba siempre como si acabase de fumar diez puros habanos seguidos.

—¿Abuelo? Soy Vero.

—¡Hombre, dichosos los oídos! ¿Qué haces, hija?

5 —Nada, quería saber qué tal estabas.

—¿Yo? De fábula —se jactó el padre de su padre—. Si no fuera por la artritis, las cervicales, la circulación y la próstata…, ¡como un chaval!

Nada mejor que él. Nadie mejor que él. Su buen humor
10 contagiaba.

—Tendrías que reformar la orquesta.

—Pues mira, si no se hubieran muerto casi todos… ¡Los muy burros! ¿Y tú?

—Esta tarde tengo un casting.

15 —¿Casting? Suena a castaña. ¿Por qué no lo llamas prueba?

—Es que ahora se llama "casting".

—Ya, y las chicas son "babies" y los coches "cars".

—No, abuelo, los coches los llaman bugas.

—Eh, para —la detuvo—. No me vengas con tonterías,
20 que yo ya no estoy para aprender nuevos vocabularios, ¿de acuerdo? ¿De qué es esa castaña?

—No lo sé. Hace unos días hicieron una primera prueba, con tropecientos, y hoy ya examinan a los que la superaron, que somos relativamente pocos. Pero no nos dijeron nada,
25 aunque hubo rumores. Por allí estaba Xavier Recasens, que es un director de series de TV y también de teatro, así que está claro: o es para una serie de TV o para un musical, porque todo giraba en torno a la música.

—¿Te habré de ver en la tele en un serial de esos de mil
30 capítulos?

---

1 **ni más ni menos** *loc* exactamente, justo – 2 **un puro** cigarro hecho de hojas de tabaco enrolladas sin papel – 2 **habano** perteneciente o relativo a la Habana – 4 **dichoso** feliz, satisfecho, afortunado – 6 **de fábula** *loc coloq* muy bien, estupendamente, de maravilla – 6 **jactarse** presumir, celebrarse a sí mismo sin fundamento – 7 **la artritis** enfermedad de las articulaciones, los miembros (Gelenkentzündung) – 7 **una cervical** *pl* pequeños huesos de la columna vertebral (Halswirbel) – 10 **contagiar** *fig coloq* parecerse en su forma de ser por la cercanía (como una enfermedad que se inocula) – 13 **un burro** *fig coloq* tonto, idiota (Esel) – 18 **un buga** *Esp* coche *en argot o jerga* (lenguaje especial de un grupo determinado, *p ej* los jóvenes) – 23 **tropecientos** *coloq* muchísimos – 25 **un rumor** noticia vaga o incierta que corre entre la gente – 29 **un serial** serie televisiva de varios capítulos; por la cantidad de capítulos que mencionan y lo que se dice a continuación se refieren a un culebrón (telenovela muy larga, extrañamente pasional y estereotipada)

—Tampoco estaría mal, aunque sin hablar sudamericano¹ y sin llamarme Luisa Albertina Josefina Feliciana², porque será algo nacional. No, en serio. Tuve que interpretar, bailar y cantar.

5 —Seguro que te lo dan.

—Ojalá.

—¿Y tu madre?

—No sé. Ayer no vino a cenar. Ha llegado esta mañana justo para irse a trabajar.

10 —Mientras pueda.

—Abuelo…

—Es joven. Y guapa —afirmó él—. Que se divierta ahora que puede. Ya lo pasó bastante mal.

Era increíble. Tan distinto a todo el mundo… Vivía solo, sin 15 necesitar a nadie, valiéndose¹⁵ por sí mismo. Había enterrado a un hijo sin hundirse¹⁶. Y hablaba de la vida como si tuviera toda la que deseara por delante. A veces la vieja parecía ella.

—Pues a mí me parece que cada día está peor —fue sincera.

—No juzgues¹⁹ —su abuelo fue escueto¹⁹—. Lo mejor que hizo 20 Carmen al morir Carmelo fue superarlo, no atarse²⁰ otra vez por necesidad o dependencia, y dedicarse²¹ a ti primero y a vivir después. Ahora que tú ya no la necesitas…

—¿Dedicarse a mí? —se asombró Vero.

—Si la tuvieras todo el día pegada²⁴ al trasero, controlándote, 25 a punto de cumplir los dieciocho, estaríais de uñas²⁵. ¡Vive y deja vivir²⁶!

—Desde luego, ¡parece mentira que tengas casi cien años!

—Por eso mismo, porque tengo casi cien años. Ni soy un abuelo normal ni tu padre era un hombre como los demás, 30 que para eso era mi hijo, ni tu madre es una madre vulgar y corriente³¹. Deberías estar contenta. Ya se quisieron todo lo que había que quererse cuando estaban vivos y juntos. Te lo digo

---

1 **sudamericano** *aquí:* con acento de Sudamérica; son especialmente famosas las telenovelas de Venezuela, por lo que se asocian al habla de aquel país, al que probablemente se refieren – 2 **Luisa Albertina Josefina Feliciana** son típicos del género los nombres muy largos y espectaculares – 15 **valerse** tener capacidad up para cuidarse sola – 16 **hundirse** deprimirse, venirse abajo – 19 **juzgar** analizar para tener una opinión propia sobre la culpa (o inocencia) de up – 19 **escueto** breve, conciso – 20 **atarse** tener una relación seria que responsabiliza a up a permanecer con otra – 21 **dedicar** ofrecer, dar – 24 **pegar** unir uc a otra de forma que es difícil separarla – 25 **de uñas** *loc coloq* enfadado, enemigos – 26 **vive y deja vivir** *expresión* para indicar a up que se concentre en lo suyo y no moleste o se mezcle en lo de otros – 31 **vulgar y corriente** normal, común

yo. Además, hay quien llora para afuera y hay quien llora para adentro, ¿sabes?

—Mamá es de las que gritan para afuera.

—¡Ah, los hijos! —suspiró su abuelo—. ¿Por qué seréis tan crueles con los padres?

—¡Lo que faltaba! ¿Has visto a mamá últimamente?

—Pues claro, ya sabes que viene a verme cada semana y me trae cosas.

—¿Y no la ves rara?

—¿Rara? Por Dios, hija, está preciosa.

¿Se aliaban contra ella? ¿Era la única que tenía ojos en la cara? Su madre no parecía una madre.

—Pues no le vendría mal ir un poco más discreta.

—¡El mundo al revés! —se rió su abuelo—. ¡Tú eres la que va siempre tapada de arriba abajo, sin enseñar nada! ¡Parece que no tuvieras la edad que tienes!

—Porque estoy gorda, abuelo.

Se produjo un silencio al otro lado de la línea.

—Vero, ¿hablas en serio?

—Sí.

—La última vez que te vi estabas en los huesos, hija. Y fue hace dos meses. ¿Cómo puedes decir eso? Pase que ahora esté de moda ser delgada, pero esquelética…

—Abuelo, no te pongas tú también borde, ¿vale?

—Ni borde ni bordillo, pero en mi tiempo si a una moza no podía agarrársela por alguna parte…

—¡Hala ya, bruto!

—Pues eso, allá tú. Pero vas a caer enferma, ya me lo dijo Carmen. Está muy preocupada.

—¿Mamá está preocupada?

—Sí.

—No volveré a llamarte —dijo tras una leve pausa—. Menudo rollo.

—Vero —la voz de su abuelo se tornó seria—, estás en la edad de las tonterías y es normal, todos las hemos hecho. Pero no juegues con la salud, cariño. Yo no he llegado casi a los cien por ser un inconsciente.

---

11 **aliarse** unir fuerzas por una causa común – 14 **al revés** al contrario, dado la vuelta – 15 **tapar** cubrir, cerrar – 25 **un bordillo** borde de una acera (lugar por donde caminan los peatones) – 27 **hala** *Esp fam* vamos, venga, ¡demasiado! – 32 **leve** ligero, mínimo, breve – 33 **menudo** *Esp coloq* ¡vaya…! (para mostrar admiración o sorpresa) – 34 **tornarse** volverse, cambiar, transformarse – 37 **un inconsciente** up que no se da cuenta de la consecuencia de sus actos

—¡Pero si…!

—Vero —la detuvo él—. Que es tu vida, y yo no me opongo. Pero también soy tu abuelo, y eres lo único que tengo. Así que déjame algún derecho, ¿de acuerdo?

5  Lo quería mucho. Con locura. Era lo más parecido a su padre que tenía. Y estaba muy mayor. Cualquier día…

—De acuerdo, abuelo —se rindió—, Pero no sufras por mí. Estoy bien. Estoy muy bien, de coña.

El espejo le devolvió su silueta.

10  No quiso mirarse y se dio la espalda a sí misma.


## 14 Esperanza

La última clase, los últimos cinco minutos. Tenía tantas ganas de marcharse de allí que iba a gritar. Ya le importaba muy poco que las niñas parecieran patos mareados intentando
15  mantener una armonía, un equilibrio. Ellas también se olían el final de la jornada matutina en el colegio. Y el final del curso también. Un mes más y adiós.

Espe se relajó y se relajaron las chicas.

—¡Ay!

20  La que se había caído era Violeta. Siempre Violeta. Tenía tres pies izquierdos. Pero le bastó con ver la postura para saber que podía haberse hecho daño, mucho daño. Corrió hacia ella. La niña se sujetaba la muñeca derecha contra el pecho y ya tenía los ojos húmedos. ¿Por qué lloraban por nada? En su tiempo…

25  Espe se sintió idiota. ¿En su tiempo? No hacía ni media docena de años que ella estaba allí mismo. ¿Tan vieja se sentía?

—A ver, a ver, tranquila —le tomó la mano.

—Cuidado… ¡cuidado!… Me duele…

30  Las demás la observaban entre gestos de dolor compartido y curiosidad.

—Te la habrás roto.

—Sí, menuda gaita.

---

2 **oponer** enfrentar, combatir – 8 **de coña** *Esp coloq* muy bien, fantástico – 9 **una silueta** figura, forma – 14 **un pato mareado** *Esp coloq* up torpe, con poca gracia o habilidad al caminar, bailar, *etc* – 16 **matutino** relativo a la mañana – 21 **tener up dos pies izquierdos** *expresión* para indicar que tiene poca gracia o habilidad e incluso poca coordinación o equilibrio (para bailar, jugar al fútbol, *etc*); *aquí*: tiene tres, así que todavía más torpe – 33 **una gaita** *Esp fam* cosa molesta, difícil y desagradable

—Menos mal que es zurda.

Tal vez sí, tal vez tuviese algo roto. Era mejor no complicarse la vida. Se puso en pie y ayudó a la niña a hacer lo mismo.

—Voy a llevarla a la enfermería. La clase ha terminado. Id a 5 cambiaros, venga.

El grupo de chicas se desparramó en dirección a la puerta salvo tres, las amigas de Violeta, que quisieron estar a su lado. Las siguieron a ella y a la herida hasta la enfermería del centro, en la planta baja. La primera impresión fue que no había nada 10 roto, solo el golpe. Se sintió más tranquila.

La directora apareció en ese momento de paz.

—No ha pasado nada —la tranquilizó—. Violeta Sentís, que se ha caído.

—¡Vaya por Dios! —suspiró la mujer—. Esa chica… ¿No 15 harían nada complicado?

—No, claro.

—Esperanza, que solo son niñas.

—Le digo que eran unos pasos. Nada raro.

—Ya, ya, pero es que el otro día vi un rato y… las tratas como 20 profesionales, como si fuera algo esencial en lugar de algo optativo que les brindamos aquí. Y les exiges mucho.

—Lo único que les pido es entrega, que lo hagan bien. Y lo haría igual con todo.

—Pues contrólate, mujer —la directora le puso sobre el 25 brazo una mano amiga, fría como un témpano—. Por cierto, ¿podrías quedarte hoy y encargarte de vigilar el comedor?

—¿Hoy? No, imposible, lo siento.

—Creía que necesitabas trabajar, querida —lo dijo con expresión de fingido dolor, presionándola levemente con la 30 mano—. Siempre es dinero extra.

—Quiero trabajar y lo necesito, pero hoy no puedo. Esta tarde tengo algo muy importante que hacer.

—De acuerdo, de acuerdo —la directora retiró la mano—. En fin…

35 Violeta emitió un gemido de dolor.

—¡Huy, no lo vende tan fuerte!

---

1 **zurdo** que tiene tendencia natural a utilizar la mano izquierda (y en general esa parte del cuerpo) – 2 **complicar** hacer difícil o más difícil uc – 6 **desparramar** extender por muchas partes lo que estaba junto – 8 **un herido** lesionado, accidentado – 18 **un paso (de baile)** cada movimiento o cambio en un baile – 21 **brindar** ofrecer – 22 **la entrega** dedicación; dar, ofrecer lo que se puede – 25 **un témpano** trozo o pedazo de hielo – 26 **encargarse de uc o up** ocuparse, hacerse cargo – 26 **vigilar** controlar, observar – 36 **vendar** cubrir con tejido para cerrar y curar

## 15 Eugenio

Hizo unas flexiones delante del espejo, estudiando la posición, la proporción, la estética, la imagen. Iba en calzoncillos, así que en su delgada figura destacó la sólida
5 musculatura acentuada con el baile. Se levantó, hasta quedar apoyado sobre un pie, y levantó el otro cuanto pudo. Nunca sería un gran bailarín, pero cuando bailaba se sentía a gusto, cómodo y feliz. No era lo mismo que con la música, sin embargo… Había algo en el baile que le liberaba de otra forma.
10 Su cuerpo volaba y desaparecía.

Tal vez ahora, aquella tarde, ese gusto extraño por bailar y actuar además de componer y tocar, le sirviese para algo.

Bajó la pierna.

Ojalá tuviese cuatro vidas. En una sería músico, en otra
15 actor, en la tercera bailarín y en la cuarta director de cine. Eso sí sería genial. Pero solo tenía una vida, y o bien lo hacía todo en ella, como y cuando pudiera, o iba por orden. Primero una cosa, después otra.

Recordó el primer casting, una semana antes. ¿Cuántos
20 habrían pasado? No podían ser muchos, o no los habrían citado para la tarde. La otra vez estuvieron el día entero haciendo pruebas. Pero lo que de verdad le picaba la curiosidad no era saber la cantidad, sino si lo habría conseguido ella.

La chica alta del pelo corto.
25 La tenía en la memoria, como un negativo fotográfico. ¿Cuánto hacía que no salía con una chica? Aquellas cuatro paredes del estudio le poseían, eran su alma. Prisionero de sus instrumentos y sus aparatos. Únicamente salía para ir a ensayar con el grupo a casa de Juan Pedro. Y muchas veces acababan
30 ensayando allí mismo, porque para algo tenía de todo, aunque la insonorización no funcionase lo mismo estando y tocando solo que haciéndolo cinco personas a la vez. Los amigos solían pensar que por ser músico las chicas se le desmayaban. Tal vez sería así si triunfaba, pero antes…
35 La chica alta del pelo corto.

---

2 **una flexión** ejercicio gimnástico de doblar un miembro – 4 **un calzoncillo** p/ slip de ropa interior masculina – 7 **un bailarín** up que baila, que se dedica al baile – 7 **a gusto** loc contento, satisfecho, cómodo – 25 **un negativo** ofrece y refleja al revés los claros y oscuros de la imagen fotográfica – 31 **la insonorización** aislar, eliminar, cerrar el sonido de una habitación – 33 **desmayarse** fig perder la conciencia, caer por desaparecer la fuerza en el cuerpo; aquí: por emoción o pasión

No sabía ni su nombre. No se había atrevido a preguntarle. Iba con otra de cabello más largo, y tan delgada que parecía que iba a romperse de un momento a otro. Un nervio. En cambio, la del pelo corto era contenida, observadora, cerebral.
5 Sus ojos miraban y asimilaban.

Se habían encontrado un par de veces.

Miradas furtivas.

Silencios.

¿Por qué no se acercó y le dijo algo, cualquier cosa? Una
10 excusa. ¿Era necesario más?

Siempre se refugiaba en su música para no abrirse al mundo.

Y cuando se enfrentaba al mundo se encerraba en sí mismo.

Algo fallaba.
15 Aunque muchos artistas fueran introvertidos.

La chica alta del pelo corto.

Se olvidó de su sueño y se concentró otra vez en el ejercicio. Bajó, subió, bajó, subió, alzó los brazos, hizo un giro inesperado de 360 grados, mantuvo la posición, elevó la pierna derecha, la
20 bajó, elevó la pierna izquierda, la bajó…

¿No sería maravilloso que ella estuviese allí?

Y aún mejor, ¿que los seleccionasen a los dos?


## 16 Verónica

De pronto, la casa se le cayó encima.
25 Se ahogó allí dentro, nerviosa, cada vez más histérica, con claustrofobia, huyendo del espejo, aunque lo necesitaba para ensayar, practicar. No tuvo más remedio que vestirse, de manera informal, y salió a la calle.

Bajó por las escaleras, sin llamar al ascensor para no verse
30 en el espejo de la cabina. Por momentos, se odiaba a sí misma. ¿Quién le había dicho que en la adolescencia lo primero que ha de hacerse para crecer es quererse a uno mismo? Ah, sí, un escritor que fue a dar una charla al colegio.

1 **atreverse** tener valor, decidirse a hacer uc *arriesgada* (→ riesgo) – 4 **contenido** que resiste uc dentro sin dejarla salir; con medida – 11 **refugiar** buscar refugio, protección – 15 **introvertido** poco sociable, tímido, hermético – 24 **caérsele a up la casa encima** *loc coloq* hacerse insoportable permanecer en ella; deprimirse, angustiarse por un problema que no parece poderse superar, solucionar – 25 **ahogar** *fig* dejar sin respiración, apagar – 25 **histérico** muy nervioso, con un ataque de histeria – 26 **claustrofobia** angustia, horror producido por la permanencia en lugares cerrados – 26 **huir** evitar algo malo, un peligro; escapar de ello

Quererse a uno mismo.

Muy fácil.

¿Y cuando el cuerpo es el principal enemigo para alcanzar los sueños?

5 Vero llegó a la calle, salió del portal agradeciendo no tropezarse con la portera, que era una fisgona, y cruzó la calzada en dirección al parque. El día era soleado, caluroso, y todo el barrio debía de estar en el recinto vallado y arbolado, porque semejaba la planta de unos grandes almacenes casi 10 en temporada de rebajas. La zona infantil rebosaba de críos gritones acompañados de madres, abuelas y criadas de rasgos orientales o latinoamericanos cuidándolos. Los bancos de los paseos estaban tomados por una batería de hombres mayores que leían el periódico, hablaban o criticaban a los paseantes. El 15 espacio dedicado a los perros tenía más visos de una pasarela de diseño que otra cosa. No solo rivalizaban los animales, a cual más cuidado o con la piel más lustrosa, sino sus dueños. Hombres que fumaban en pipa, jersey indolente sobre los hombros; mujeres maravillosamente maquilladas, vestidas 20 a la última y sonriendo con la perfección de una dentadura incólume. La edad iba desde los veintipocos a los treinta y muchos, salvo algún cuarentón todavía potente. Los perros se olisqueaban sin problemas. Sus amos disimulaban el celo, o al menos eso creían ellos. Gente guapa. Ociosos de mediodía. 25 Cargando baterías para sus noches. Efectos de la primavera.

Vero se sintió molesta.

---

6 **un portero** up que cuida, guarda un piso o vivienda – 6 **un fisgón** up muy curiosa, indiscreta, preguntona – 7 **una calzada** calle, carretera – 8 **un recinto** espacio, lugar dentro de ciertos límites – 8 **vallado** cerrado con *una valla* o muro (Zaun) – 8 **arbolado** con árboles – 9 **una planta** piso, nivel – 9 **un gran almacén** *pl Esp* gran tienda, comercio dividido en departamentos donde se venden todo tipo de productos – 10 **un crío** niño pequeño – 11 **un criado** up que trabaja en una casa realizando ciertas actividades del hogar – 11 **un rasgo** expresión, forma – 13 **una batería** *fig* cuerpo militar dedicado al uso de grandes armas de fuego; *iron aquí:* grupo grande de gente muy ordenada y concentrada en lo que hace – 14 **un paseante** up que pasea – 15 **un viso** aspecto, atmósfera – 15 **una pasarela** pasillo estrecho y en alto por donde pasan modelos de ropa o maniquíes para poder verlos, contemplarlos – 16 **rivalizar** luchar, competir – 17 **a cual más** *loc* para acentuar o destacar que una cualidad es tan viva, fuerte en varios individuos, que no se sabe quién aventaja, quién es más que los demás – 17 **lustroso** brillante, resplandeciente – 18 **indolente** descuidado, indiferente, sin ganas – 20 **a la última** *loc coloq* a la última moda – 21 **incólume** sano, completo – 22 **potente** *Esp fam* firme, atractivo, sexy – 23 **olisquear** oler con intensidad, olfatear – 24 **ocioso** desocupado, inactivo

Antes no era así. Ni siquiera hacía un año. Ahora todo le molestaba. Todo le parecía absurdo. Aquella rabia interior que la poseía y la dominaba…

¿Era únicamente por su madre? ¿Era por ir tan de "tía buena" liberal y pasota? Su abuelo la defendía. Qué extraño. Aunque sí era cierto algo: pudo haberse casado y sin embargo…

—¿Qué estoy haciendo aquí? —se preguntó en voz alta deteniéndose de golpe.

La casa se le caía encima, pero aquella fantasía de luz y color, en la que todo el mundo parecía tan feliz, la agobió de pronto. Los niños, las madres, las abuelas, las criadas, los ancianos, los paseantes, los de los perros, los perros…

Y ella.

Sola y perdida, nerviosa porque por la tarde era casi como si se jugase la vida.

¿Y si solo querían a una?

Tanto montaje, tanta gente, tantas expectativas, que si una serie de TV, que si un musical para el teatro… ¿y únicamente querían a una?

Entonces se quedarían con Espe, claro.

Ella sí era buena. Y tan guapa.

Perfecta.

Con que perdiera un kilo más…

Echó a correr, con ritmo, dispuesta a sudar lo que fuera necesario para perderlo. Todo consistía en eso. Espe era guapa porque además de ser alta estaba delgada. Y comía lo que quería. No tenía problemas. Espe era afortunada. A unas les costaba menos y a otras más.

Como a ella.

Siguió corriendo bajo el sol, concentrándose tan solo en el ejercicio y pasando de cuanto la rodeaba. El parque estaba para eso. El parque era el mundo en el cual los solitarios buscaban la compañía silenciosa de los demás para saber que su soledad era compartida.

---

4 **un tío bueno** *coloq* up con mucho atractivo físico – 5 **pasota** *Esp coloq* indiferente, despreocupado, bohemio – 27 **afortunado** que tiene fortuna o buena suerte

## 17 Eugenio

Su madre había salido, así que escuchó de milagro el timbre de la puerta, una campanita lejana que se esparció por la casa llevando hasta él sus ecos cantarines. Se secó el sudor, se dejó
5 la toalla por encima de los hombros y fue a abrir.

Se encontró con Bruno apoyado en el quicio de la puerta. Llevaba una camiseta bastante ajada de Bob Marley por encima de los vaqueros también gastados y calzaba unas espantosas playeras abiertas que dejaban ver sus espantosos
10 pies, no exactamente limpios.

—¡Heyyy, tío! —lo saludó.

—Pasa, hay corriente —le hizo entrar rápido Eugenio.

—¿Te pillo en mal momento? ¿Estabas con una pava?

—¿Yo? ¿Por qué lo dices?
15 —La sudada, macho.

—Hay gente que suda haciendo otras cosas —se rió Eugenio—. Trabajando, por ejemplo.

—Pues vas a trabajar más. Traigo *good news* —lo pronunció muy a lo suyo, *guut nius*.
20 —Las buenas noticias siempre te alegran el día. ¿De qué se trata?

Estaban ya en el santuario de Eugenio. El recién llegado se sentó en la única butaca disponible, dejándose caer como un fardo. El dueño del lugar ocupó el taburete rodeado de
25 teclados.

—Tenemos un curro el sábado —anunció Bruno.

—Hombre, bien —suspiró Eugenio.

—¿A que sí? ¿Va o no va?

—Va, va. ¿De qué se trata?
30 —Es en un pequeño club, de no sé dónde, pero cerca. Veinte kilómetros. Cada sábado tienen música en vivo y Jaime les habló de nosotros. Un par de pases de cuarenta y cinco minutos cada uno.

—¿Dinero?

---

3 **esparcir** extender, repartir desordenadamente lo que está junto – 4 **cantarín** sonido alegre, suave, agradable – 7 **ajado** gastado por el uso, con aspecto viejo – 9 **una playera** zapatilla de goma abierta que se utiliza en verano – 9 **espantoso** horroroso, horrible – 13 **un pavo** *Esp coloq* para dirigirse a un chico entre los *jóvenes*; equivalente a "tío" – 22 **un santuario** templo sagrado, santo – 23 **una butaca** sillón, asiento – 24 **un fardo** paquete o montón de cosas apretado y pesado – 24 **un taburete** silla sin respaldo en que apoyar la espalda ni apoyo para los brazos – 28 **¿a que...?** *coloq* expresa una provocación: ¿no es verdad que...?, seguro que..., ¿no estás de acuerdo? – 32 **un pase** actuación

—A comisión. El diez por ciento de lo que consuma el personal. Pero en un sábado por la noche…

—Ya, no nos vamos a forrar.

—Mientras no perdamos… Habrá que alquilar una camioneta para el instrumental.

—De eso nada. Con el coche de Quique nos basta.

—¿Y nosotros?

—Tres en el coche y dos en moto.

—Qué palo.

—Bienvenido al mundo del rock.

—Te lo recordaré cuando tengamos un jet privado para viajar.

Bruno nunca iba a tener un jet privado. Probablemente tampoco él, pero Bruno, menos. Si Jonás Estapé llevaba razón, era uno de los que tendrían que salir. Y era muy buen tío. Algo pirado, pero… Como todos los baterías, Bruno estaba loco. Bajo, achaparrado, brazos musculosos, piernas cortas, torso cuadrado y cabello desordenado. Sonreía siempre. Nunca se enfadaba.

—Bueno, todo lo que sea tocar en vivo…

—¿Sabes algo de la cinta?

Podía mentirle, decirle que todavía no, y tampoco valía la pena.

—Sí, acaba de llamarme el de Tron.

—¿Y?

—Fatal.

—Mierda —exhaló Bruno.

—Hay que trabajar más, eso es todo.

—A mí esa cinta me gustaba. Había cosas buenas.

—Y a mí, por eso la enviamos. Pero no te preocupes. Este verano vamos a darle caña al tema.

—¿Y si te dan ese papel en lo del casting?

—No voy a estar currando las veinticuatro horas del día.

—Ya verás —una nube le cubrió el semblante.

—¿Desde cuándo a un músico todo le sale bien a la primera? —bromeó Eugenio.

---

1 **una comisión** porcentaje económico que se recibe por un producto o servicio – 9 **un palo** *fig coloq* golpe seco, duro; impresión desagradable – 16 **pirado** *coloq* alocado, con cosas de loco – 17 **achaparrado** *up* ancha y baja – 17 **un torso** tronco, busto, pecho – 21 **una cinta** casete, cinta magnetofónica para guardar música – 31 **dar caña a uc** *loc coloq* aumentar la intensidad – 34 **un semblante** cara, rostro, expresión – 36 **bromear** hacer chistes o bromas, ser gracioso

—¿A la primera? —bufó Bruno—. Llevo nueve años dándole
a las batacas. Las he visto de todos los colores menos del que
me gustaría. Y tengo veintiún años, tío. Tú tienes dieciocho
y no te llaman Genio solo por el nombre. Encima estoy mal
5 en casa y quiero abrirme, pero sin curro… Con un disco nos
contratarían más, y lo sabes. Hasta podríamos pedir un poco
de pasta.

Eugenio no supo qué decir. A veces no bastaba con buenas
palabras.

10 —Igual es que la música no es lo mío, aunque me guste
cantidad —se sinceró el visitante.

—No digas eso.

Se quedaron mirando el uno al otro. Después, Bruno
paseó sus ojos por los instrumentos, aquella habitación tan
15 especial. Eugenio supo lo que pensaba. Bruno no tenía un
padre que apostase por él. Estaba solo. Las miradas volvieron
a converger.

—¿Te acordarás de mí cuando estés en el paraíso? —sonrió
el batería con abatimiento.


20 **18 Esperanza**

La nueva casa.

Se la quedó mirando con un vacío en el estómago, sin
saber qué hacer. De entrada, ni tan siquiera sabía qué estaba
haciendo allí.

25 Miró el edificio, cinco plantas, viejo, bastante sucio. El portal
era oscuro y tenía dos comercios a ambos lados, una panadería
y una tiendecita de material fotográfico. Jamás se hubiera
imaginado a alguien conocido viviendo allí.

Y ahora era la casa de su padre.

30 Por aquella misma puerta había pasado Amparo al ir a verlos.

El odio que sentía hizo que deseara un terremoto. O como
en la película *Poltergeist:* la casa entera desapareciendo en la
nada.

---

2 **una bataca** *coloq* en *jerga juvenil* batería – 5 **abrirse** irse de un lugar, escapar, salir
rápidamente – 6 **contratar** dar un trabajo a up, ofrecer un contrato – 7 **la pasta**
*Esp coloq* dinero – 17 **converger** dirigirse hacia un mismo punto hasta unirse –
19 **abatimiento** → **abatir** desanimar, vencer, desesperanzar – 23 **tan siquiera** *loc*
siquiera, ni siquiera, ni tan solo – 26 **un comercio** tienda, negocio – 32 *Poltergeist*
película estadounidense de miedo de 1982 en que un espíritu de la casa aterroriza a
una familia

Miró hacia las alturas del cuarto piso. Ignoraba si la vivienda daba a la parte delantera o a la trasera. Si era la delantera, una de las ventanas debía de ser el comedor y la otra, probablemente, el dormitorio principal. Allí su padre era feliz.
5   Por eso se había separado de su madre. Solo por eso…

Tenía que ser sexo y solo sexo. Tenía…

Se llevó una mano a los labios y se mordió el nudillo del índice. La rabia iba y venía, pero el odio se almacenaba, formaba un poso. El odio quedaba y subía por su espalda,
10  llenándola, inundándola de sentimientos cada vez más oscuros. Era como si su padre la hubiese dejado a ella, no a su madre.

A ella.

¿Y cómo se odiaba tanto a quien tanto se había querido?

15  No lo esperaba, así que la pilló por completo de improviso. Lo único que quería era ver dónde vivía él. Nada más. Pero de pronto lo divisó en la acera de enfrente, la del edificio, caminando hacia la puerta de entrada. Su padre. Su padre con dos niños, uno cogido con cada mano. Uno de unos siete años
20  y otro de unos cinco.

Los pequeños reían felices. Él les contaba algo.

¿Alguna vez fue a buscarlas a Amparo o a ella al colegio?

Nunca.

Ahora, en cambio, iba a buscar a los hijos de la otra. Grandes
25  cambios. Así que ella le tenía atrapado. Por completo. Le quisiera o no, como decía Amparo, le tenía atrapado. Una chica lista.

Espe se preguntó por qué se habría separado ella de su marido.

30  Y más aún, qué habría visto en su padre, tan normal, tan discreto, tan corriente.

A lo peor a ella le había robado el marido otra más joven, veinteañera, así que… el efecto dominó. ¿Para qué perder el tiempo esperando un hombre? ¿Y soltero? Difícil. ¿Separado?
35  Los había a patadas ya disponibles. ¿Casado? Mejor.

---

1 **ignorar** desconocer, no saber – 2 **trasero** de atrás, detrás – 7 **un nudillo** por donde se dobla el dedo y con lo que se golpea la puerta para llamar (Fingerknöchel) – 9 **un poso** resto, sedimento – 15 **por completo** *loc* completa, absolutamente – 15 **de improviso** *loc* sin previsión ni prevención (preparación) – 17 **divisar** ver confusamente uc, percibirlo – 25 **atrapar** *coloq* engañar, no dejar irse, escapar a up – 33 **un efecto dominó** resultado de una acción que produce una serie de consecuencias en cadena (una después de otra) – 35 **a patadas** *loc coloq* por todas partes, con excesiva abundancia, a montones

¿Y qué sabía ella de la vida afectiva de sus padres?

Nada.

Primera noticia, el día del anuncio de la separación.

Los vio entrar en el portal, sin dejar de reír. Esperó y miró
5 al cuarto piso, por si se asomaban a las ventanas. No hubo
ningún movimiento al otro lado de las cortinas. Unas cortinas
bastante vulgares. Su madre las habría arrancado para hacer
trapos de cocina.

Se sintió incómoda.

10 Su madre llorando en casa y ella allí, mortificándose.

¿Cómo debía de ser la nueva? ¿Guapa? ¿Treinta y seis años?
Qué más daba el físico. Todo era cuestión de cama, seguro.
Cama y nada más.

Espe ya no aguantó más. Temía que, después de todo, sí
15 fueran aquellas ventanas, las de las cortinas espantosas, y que
su padre se asomara y la viera en la acera de enfrente, sola,
perdida, con los nudillos blancos de tanto apretar las manos y
el corazón negro de tanto emponzoñarlo con veneno.

Así que se apartó y volvió al resto del mundo, a su vida.


20 **19 Verónica**

Llegó a casa sudorosa y lo primero que hizo fue meterse en
el cuarto de baño y desnudarse. Se subió a la báscula llena de
esperanza; pero cuando la aguja se quedó quieta has buscar el
peso exacto, torció el gesto en una mueca de desagrado.

25 Pesaba lo mismo.

Apenas unos gramos menos, a lo sumo.

—¿Es que no hay forma? —se desesperó.

Entró en el plato de la ducha y abrió el grifo del agua
caliente. Reguló la temperatura abriendo el grifo de la fría.
30 Qué ganas tenía de un mando de ducha inteligente, de los que
se colocaba el nivel de la temperatura previamente y ya está,

---

1 **afectivo** relativo a la sensibilidad, los afectos – 6 **una cortina** uc que se utiliza para
cubrir puertas o ventanas de la luz y de la vista de extraños – 10 **mortificar** angustiar,
molestar, atormentar – 12 **dar** importar, valer – 18 **emponzoñar** dañar mediante una
sustancia destructiva – 18 **un veneno** sustancia química que daña la salud – 22 **una
báscula** peso, aparato que sirve para medir pesos – 23 **una aguja** indicador – 24 **torcer**
cambiar la expresión de la cara mostrando enfado, molestia, disgusto – 24 **una mueca**
gesto grotesco – 24 **un desagrado** descontento, disgusto, enfado – 26 **a lo sumo** *loc*
como máximo, cuando más – 30 **inteligente** máquina programada para que haga
ciertas tareas

en paz. Allí todo era viejo. Su padre no las había dejado en la miseria, porque entre la pensión y el seguro... Pero alegrías, pocas. Había que controlar gastos.

5 Se lavó, se quitó el sudor, se frotó con fuerza con la esponja y el jabón. ¿Pesaba el sudor? A lo mejor. Cuando acabó, se secó y volvió a la báscula. Su enemiga. Todo seguía igual.

Se resignó con rabia, salió del baño completamente desnuda y se metió en su habitación. Escogió la ropa con la que debería ir por la tarde al casting. Mejor algo cómodo, y sobre todo
10 holgado, que le disimulara la grasa, aquella horrible barriga. ¿Cómo era posible que tuviese barriga?

Era la hora de comer, pero no tenía hambre. Entró en la cocina por inercia y por inercia abrió la nevera. Se le revolvió el estómago. Nada de lo que veía le apetecía. Y además, si comía
15 algo sería peor. Con los nervios por lo del casting... igual se ponía mala, y mejor no arriesgarse. Ya cenaría.

—Eso, ya cenaré —se dijo para darse ánimos—. Y mañana si hace falta me atiborro, para celebrarlo.

Cerró la nevera, agarró un vaso y lo llenó con agua del grifo.
20 El agua limpiaba. Lo más seguro era que tuviese revuelto el estómago. Entre eso y la dichosa regla... De ahí la barriga. Todo tenía una explicación y una lógica.

Aunque... ¿cuánto hacía que no comía o cenaba?

¿Un par de días?
25 No, había tomado algo el sábado por la noche, con Teresa. Sí, el sábado por la noche.

¿Tanto ya?

Y se sentía igual que si acabase de comérselo ahora.

—Tranquila —suspiró.
30 La prueba. El casting. Pasar y luego...

Era una gran oportunidad. Trabajar con Xavier Recasens. Una gran oportunidad. La mejor. Era crucial conseguirlo, conseguirlo, conseguirlo...

Sin éxito no había recompensa.

---

1 **y en paz** *loc* para indicar que se da por terminado un asunto – 4 **una esponja** Schwamm – 5 **un jabón** detergente o gel para lavar, limpiar – 7 **resignarse** conformarse, tolerar, aguantar – 13 **la inercia** tendencia natural – 13 **una nevera** *Esp* frigorífico, refrigerador – 14 **apetecer** tener ganas, desear – 18 **atiborrarse** *coloq* llenarse con exceso de comida – 20 **revuelto** dañado, que produce malestar – 34 **una recompensa** premio, gratificación, compensación

## 20 Esperanza

Al llegar a casa se sintió muy cansada.

Todas las candidatas habrían pasado la mañana practicando, ensayando, bailando, cantando, actuando. Todas menos ella.

5 Todas conscientes de lo que se jugaban.

—¡Mamá!

No obtuvo respuesta. Metió la cabeza por la puerta de la cocina y vio un puchero en el fuego, con la llama muy baja. Examinó su contenido por precaución, pero estaba en orden.

10 Salió de nuevo y la llamó por segunda vez.

—¡Mamá!

Nada. Así que estaba sola. Fue directamente a su habitación y se tendió encima de la cama. Ahora ya daba igual que practicase o no. Mejor se relajaba. Según Vero, como ella era

15 alta, guapa y estaba delgada, ya lo tenía todo hecho. ¿Qué sabría Vero? Siempre el mismo rollo, siempre lo de la estatura y la belleza. Nadie entendía nada. No se presentaba a un concurso de Miss España. Además de ser guapa tenía que saber hacer todo lo demás: moverse, bailar, actuar, cantar… Y

20 lo de estar delgada… Vero alucinaba. Para delgada, ella. Cada vez más.

Bueno, tampoco era su amiga íntima, solo una conocida de avatares profesionales. Mejor dicho, de fallidos avatares profesionales. Amiga ocasional. Quizás rival puntual. Tal vez

25 enemiga total.

La puerta del piso se abrió.

Se levantó de la cama y fue a ver. Su madre se metía ya en la cocina llevando una tacita de algo en la mano. Entró tras ella y la sorprendió.

30 —Hola.

—Ah, ¿ya estás aquí? La comida estará enseguida. ¿Qué tal las clases?

Le preguntaba lo mismo cada día, y ella, invariablemente, le respondía:

35 —Bien.

---

8 **un puchero** olla, cazuela para cocinar (cocer, guisar) – 8 **una llama** (o *ant* flama) fuego, gas que se levanta y apaga pronto – 9 **examinar** comprobar, analizar, estudiar – 20 **alucinar** engañar, hacer tomar uc por otra, crear una ilusión – 22 **íntimo** amigo muy querido y de gran confianza – 23 **un avatar** *pl* fase, cambio, orden sucesivo – 24 **ocasional** casual, accidental, circunstancial – 24 **un rival** competidor, antagonista, enemigo

—Estaba en casa de la señora Bermúdez, ¿sabes? Me he quedado sin aceite. Nos hemos liado a hablar y…

—Qué éxito —ponderó Espe—. Ya sales para ir al piso de arriba y todo. A lo mejor un día incluso te animas y sales a la
5 calle a dar una vuelta.

—Qué sabrás tú —rezongó la mujer ocupándose de lo que estaba haciendo.

—Nada, supongo. Como soy una cría de diecinueve años.

—Ya sabes a qué me refiero.

10 Se la quedó mirando. Se movía por la cocina con medida profesionalidad, igual que si nunca hubiera salido de ella. Nacida y muerta en una cocina. Seguro que la nueva no se pasaba el día encerrada entre guisos. La nueva tendría una criada, aunque la casa fuese vieja. La nueva se aprovecharía de
15 todo lo que su padre pudiera darle. Ella le pagaría en la cama. ¿No se separaba la gente para eso?

Su madre iba y venía. Reina completa. ¿Se nacía maruja o se formaba una con los años? Y decían que eran otros tiempos. Siempre eran los mismos tiempos. Mujeres reprimidas y
20 hombres salidos daban paso a mujeres lanzadas y hombres alucinados. Aunque su madre siguiera en el mismo sitio, rendida sin luchar.

—Ellos también están mal, ¿sabes?

Espe reaccionó.

25 —Perdón, ¿que decías?

—Ellos, los Bermúdez, que también están mal.

—Vaya por Dios —abrió los ojos—. Tendrás con quien consolarte.

—No, porque la que se está planteando dejarle es ella.

30 —¿La señora Benedicta? —no ocultó su estupor.

—Sí, ¿qué pasa?

—¿Le pone los cuernos?

---

2 **liarse a + INF** ponerse a hace algo con vehemencia, intensidad – 6 **rezongar** refunfuñar, protestar, murmurar – 13 **un guiso** comida *guisada*, cocida lentamenta (schmoren) – 17 **ir y venir** expresa el moverse libremente – 17 **una maruja** *coloq despect* ama de casa de bajo nivel cultural (Hausfrau) – 20 **salido** *vulg* up con deseo sexual urgente – 20 **lanzado** decidido, vivo, fogoso (de fuego) – 21 **alucinado** sin razón, confundido, como ido – 28 **consolar** calmar, tranquilizar, animar – 29 **plantear** proyectar, idear, tomar en consideración – 30 **el estupor** sorpresa, asombro – 32 **un cuerno** *pl iron* infidelidad, traición de pareja o matrimonio (al tener una relación con otra persona)

No tenía que haber dicho eso. Se arrepintió al momento. Su madre, sin embargo, no lo acusó. Seguía inmersa en la preparación de la comida mientras hablaba.

5 —No tiene por qué haber otro para que ella decida que ya está bien.

—Entonces, ¿cuál es el motivo?

—Bueno... Él es... ya sabes, aburrido.

—¿Y qué espera? Tiene sesenta años, por Dios.

—No, cincuenta y siete él y cuarenta y nueve ella.

10 —O sea que le ve las orejas al lobo.

—¿Qué quieres decir?

—Que le ha entrado prisa por apurar lo poco que le queda de marcha.

—Cualquiera diría, Espe. Hoy con cincuenta o sesenta años 15 aún se es joven. Su madre tiene casi noventa y está tal cual.

—Da lo mismo. Después de toda una vida juntos, ahora descubre que es aburrido. ¿No te parece demencial?

—¡Ay, hija, no sé! —suspiró su madre—. Me parece que todo el mundo se ha vuelto loco. Nadie aguanta. Mira, en parte me 20 alegro de que Amparo no se haya casado y viva con Quique. Para que luego se tiren los trastos a la cabeza...

Su padre y su madre no se habían tirado los trastos a la cabeza. Su padre, que supiese ella, solo había dicho adiós. Aunque Amparo tenía razón. No sabían nada de ellos. Daban 25 por sentado que todo iba bien, por los siglos de los siglos, amén.

—Voy a poner la mesa —no quiso seguir hablando de todo aquello.

No quería que su madre volviese a llorar.

30 —Espe...

—¿Qué?

La vio en medio de la cocina, frágil, menuda, sin arreglar, con el delantal y, sobre todo, con aquella carita de pena tan suya, tan desprotegida.

---

1 **arrepentirse** sentir pesar, dolor up por algo dicho o hecho – 2 **acusar** reflejar la contudencia y los efectos de un golpe recibido – 2 **inmerso** absolutamente concentrada up en lo que hace; metido, ensimismado – 10 **ver up las orejas al lobo** loc notar, darse cuenta de que hay un peligro muy cerca – 12 **apurar** consumir, terminar – 17 **demencial** de locos, absurdo, incomprensible – 21 **tirarse los trastos a la cabeza** ups loc coloq discutir violentamente – 25 **dar por sentado** loc dar por hecho, garantizado – 25 **por los siglos de los siglos** loc para siempre – 32 **frágil** delicado, débil, ligero – 32 **menudo** pequeño – 33 **un delantal** tejido que se pone por delante del cuerpo sobre la ropa al cocinar para protegerse

—¿Te importa abrazarme?

—Claro que no, mamá. ¿Por qué?

—Hace mucho que no me abrazas —musitó con dulzura, en paz, sin lágrimas en los ojos.

5 Espe volvió hasta ella. Abrió los brazos y, desde su altura, la engulló con fuerza. Apretó. Notó cómo la mujer se deshacía en su pecho. Y luego, poco a poco, las respiraciones de ambas se acompasaron, suavemente. Le sacaba toda la cabeza, así que tenía la barbilla apoyada en su pelo. Olía a sofrito. El Chanel
10 número 5 era para la otra.

A su padre siempre le había gustado que ella oliera bien, y solía quejarse de que no fuera así.

¿Por qué de pronto descubría tantas pequeñas diferencias que antes no le parecían importantes?

15 Lo que menos quería era justificarle.


## 21 Eugenio

Estefanía entró por la puerta con los ojos bien abiertos. Los ojos de su hermana pequeña eran inmensos, hermosos, grandes y muy vivos. Pero ahora reflejaban un estado casi
20 letárgico, una aproximación al nirvana en síntesis pura.

Llevaba el CD de sus Orange Crowl en la mano como si fuese un cruce de Santo Grial y botella de nitroglicerina. A lo peor, si lo agitaba mucho, las canciones se removían.

—¿Qué tal? —le preguntó Eugenio.

25 —No sé. No lo he oído. Bastante he hecho con entrar en la tienda y conseguir uno. Qué pasada.

—Antes han puesto un tema por la radio —mintió su hermano.

—¿Y? —se le iluminaron aún más los ojos.

30 —Han dicho que era muy malo.

---

1 **importar** parecer bien, venir al caso – 3 **musitar** hablar bajo, susurrar, murmurar – 4 **una lágrima** líquido que sale de los ojos al sentir una emoción; lloro, lamento – 6 **engullir** *fig* tragar – 6 **deshacerse** perder la forma, desaparecer, derretirse – 8 **acompasar** al compás, al mismo ritmo – 8 **sacar** aventajar, diferenciar, adelantar – 9 **un sofrito** condimento para un guiso de diversos ingredientes fritos en aceite, especialmente ajo y cebolla – 10 **Chanel número 5** perfume de una marca francesa muy conocida, símbolo de lujo y elegancia – 20 **letárgico** paralizado, dormido – 22 **Grial** Gral – 22 **la nitroglicerina** líquido para roducir bombas y explosivos – 26 **una pasada** *Esp coloq juvenil* demasiado, muy fuerte, increíble, alucinante

—¡Qué sabrán ellos! ¡Esos solo ponen bien a los carcamales de siempre! ¡Les tienen manía porque son guapísimos y cantan mejor que nadie y bailan genial y…!

—¡Que es broma, mujer! —se rió él cortando su apasionada defensa de los Orange Crowl.

—¡Huy…! —no se le echó encima porque seguía sujetando el CD con mimo excelso—. Bueno, paso, y no me entretengas más, ¿quieres? ¿Te vienes a oírlo?

—¿Me dejarías compartir este momento sublime?

—Tú lo has pagado, ¿no?

—No, lo has pagado tú, no lo olvides —la previno con un dedo inflexible—. El sábado apoquinas.

—¿Apoqué?

—Pagas.

—Bueno, vale. Y ya no espero más, plasta. ¿Te vienes?

—Ya lo oiré desde aquí. Tu habitación no está insonorizada.

—¿Has visto qué portada? ¿A que están guapos? —el suspiro la envolvió de arriba abajo.

—Guapísimos. Es una lastima que no sea gay —siguió de buen humor.

—¡No te rías, Genio! ¡Tú eras fan de aquella tarada hace tres o cuatro años!

—Y tú la encontrabas tope basta.

—Es que lo era. No tenía nada de clase. Era una hortera.

—Las fans sois de un radical…

—Ya verás el día que seas famoso.

—Por lo menos espero ligar, porque lo que es ahora…

—¿Cómo quieres ligar si nunca sales? Mi amiga Natalia te encuentra guapísimo, pero tú pasas de ella. Si quisieras…

—Estefanía, que tiene catorce años.

—Quince, como yo. Los hice la semana pasada.

—Vale, quince. Dentro de diez eso no será nada, pero ahora… —le hizo gracia el comentario de su hermana y reaccionó—. ¿Me encuentra guapo, de veras?

—Irresistible.

---

1 **un carcamal** *coloq despect* viejo, anticuado, acabado – 7 **el mimo** cariño, cuidado o atención grande – 7 **excelso** muy elevado, excelente – 7 **entretener** distraer a up evitando que haga algo – 9 **sublime** elevado, eminente, excelso – 11 **prevenir** avisar, advertir para evitar que uc ocurra – 12 **apoquinar** *coloq vulg* pagar, cargar con los gastos con desgana – 15 **un plasta** *Esp coloq* up excesivamente pesada – 17 **una portada** cubierta delantera de discos o libros – 21 **tarado** tonto, anormal – 23 **basto** maleducado, bruto, vulgar – 24 **un hortera** up de mal gusto, vulgar – 27 **ligar** flirtear, tontear – 34 **de veras** *loc* con verdad, en verdad

—Vosotras encontráis guapo a un monstruo con tal de que salga por la tele o grabe algo romántico.

—No es verdad. Y se acabó —entró en su habitación después de sacarle la lengua.

5 Eugenio contó hasta tres.

A la de cuatro, las primeras notas de la primera canción del CD de los Orange Crowl inundaron la casa entera. Estefanía lo había puesto a toda mecha. Un bajo denso, funky, apocalíptico, empezó a cabalgar sobre una pradera armónica formada por 10 una leve base de teclados. De pronto el bajo cimbreaba, se le unía un tañer de guitarras no menos agrestes y después de un abrupto «¡one, two, three…!» vocal, la batería lo aplastaba todo como una apisonadora machacando la última resistencia auditiva. El gran momento. Entonces los cinco Orange Crowl 15 entraban en bloque, y la catarsis se disparaba.

Pura adrenalina.

Oyó chillar a su hermana al otro lado de la puerta.

Y se la imaginó bailando, enloquecida.

No creía que nunca llegase a tanto. No podía imaginarse 20 a un millón de fans, ni a cien mil, ni siquiera a una sola tan extasiada como lo estaba Estefanía con sus divos.

Aunque entonces… ¿para qué quería ser artista?

¿Solo para sentirse bien consigo mismo?

Nadie se alimentaba sintiéndose bien consigo mismo, así 25 que el éxito era tan necesario como la piel a la carne.

Tenía que empezar a pensar como un profesional.

Se apartó de la puerta del cuarto de su hermana y se metió en su estudio, aunque no por ello, y pese a la insonorización, dejó de escuchar a los Orange Crowl.

---

8 **a toda mecha** *Esp loc fam* a toda velocidad, rápidamente – 9 **cabalgar** *fig* montar sobre un caballo – 9 **pradera** *fig* campo con muchas hierbas (plantas pequeñas, blandas y sin madera) donde muchos animales, *p ej* vacas, pueden alimentarse (Wiese) – 10 **cimbrear** moverse, doblar o hacer vibrar – 11 **tañer** tocar un instrumento musical de percusión o de cuerda – 11 **agreste** del campo, basto, inculto – 12 **abrupto** brusco, violento – 12 **aplastar** destruir, comprimir, pisar – 13 **apisonar** aplastar, apretar, allanar – 13 **machacar** aplastar, destruir; golpear hasta deformar y hacer más pequeño – 14 **auditivo** relativo al oído, a oír – 15 **en bloque** *loc* en conjunto – 16 **la adrenalina** *coloq* tensión acumulada, nerviosismo – 17 **chillar** gritar – 18 **enloquecido** loco – 21 **extasiado** en éxtasis místico – 21 **un divo** artista del mundo del espectáculo de gran fama – 28 **pese a** *loc* a pesar de

## 22 Esperanza

Al terminar de comer, le echó un vistazo al reloj. Todavía era temprano. En casa siempre comían más temprano que en ninguna otra parte. Por desgracia, los nervios se movían 5 igual que sargazos por el interior de su cuerpo. Iban y venían del estómago a las terminaciones nerviosas, y de ellas a los músculos, agarrotándoselos, y acababan en el cerebro, convertidas en púas que la masacraban en forma de lluvia de malos presentimientos. Que si una caída, que si algo sucedería, 10 que si esto y que si aquello y que si lo otro de más allá.

Toda su entereza, su dominio, se difuminaba en las horas previas a una prueba como la de la tarde. De lo único que tenía ganas era de que empezase de una vez. El resto ya se vería.

Y decían que era disciplinada, voluntariosa, y que aunque le 15 costase, siempre salía adelante…

Los demás siempre lo veían todo sencillo.

Caminó hasta su habitación, recogió la agenda de los teléfonos y buscó en la V de Verónica. Con el número en la memoria regresó a la sala, se sentó en la butaca y descolgó el 20 teléfono. El mismo teléfono fijo de toda la vida. Ni siquiera tenían un inalámbrico para poder mantener una conversación privada en la habitación. Nada. Un teléfono fijo, con cable. La modernidad se les había quedado atrapada en el siglo pasado.

Allí todo era ya tan antiguo como las lágrimas de su madre.

25 Marcó el número de su amiga y esperó. Al otro lado de la línea se escuchó su voz al término del tercer zumbido. Una voz combativa.

—¿Sí?

—Paz.

30 —No hay ninguna Paz, se equivoca.

—¡Eh, eh! —la detuvo—. Que soy yo, Espe.

—Ah, hola —la reconoció—. ¿A qué venía eso de paz?

—Como tienes voz de guerra.

—¿Yo? No.

35 —¿Qué tal lo llevas?

---

5 **un sargazo** tipo de *alga* marina (Tang) – 8 **una púa** cada uno de los pinchos o espinas de algunos animales, como el erizo (Stachel) – 8 **masacrar** *aquí: fig* matar, asesinar – 9 **un presentimiento** intuición, sospecha – 10 **que si esto… aquello… y lo de más allá** *expresión* para mencionar asuntos ya sabidos y fastidiosos que se repiten – 11 **la entereza** fuerza, seguridad – 14 **voluntarioso** trabajador – 21 **inalámbrico** sin cable o alambre (schnurlos) – 30 **equivocarse** estar en un error, errar – 35 **¿qué tal lo llevas?** *loc coloq* ¿qué tal? ¿cómo va? ¿cómo lo llevas?

—¡Puf! —fue lacónica—. Tú dirás. Ojalá estuviese ya allí.

—A mí me pasa lo mismo. Esto de esperar… me puede.

—¿Has practicado?

—Un poco, pero ya sabes que trabajo por las mañanas. Hoy
5 no me he podido librar después de que fingiera estar enferma
el otro día.

—Yo no he parado, pero aunque ensaye interpretación… Por
ahí me van a pillar.

—Que no, mujer, que no. Interpretar, dentro de lo que cabe,
10 es sencillo. Lo que no van a encontrar tan fácilmente es gente
que sepa cantar y bailar además de actuar más o menos bien.

—Ojalá.

—Oye, ¿vamos juntas para darnos ánimos?

—Vale —estuvo de acuerdo Vero.

15 —¿Quedamos en la esquina de la plaza dentro de… hora y
media?

—Mejor una hora.

—Entonces una hora, así salgo antes.

—Hasta luego, chao.

20 Espe devolvió el auricular a la horquilla. Su madre entró en
el mismo momento en la sala.

—¿Quién era? —quiso saber.

No le dio mayor importancia. Pero esa era la prueba de
que necesitaban un inalámbrico. Si en lugar de ser una
25 conversación trivial con una amiga hubiera sido algo más
intenso con un chico…

—Una de las del casting.

—¿La conociste en él?

—No, de antes. Nos veíamos en tantos que al final…

30 —¿Es buena?

—Mucho. Un nervio —reconoció Espe—. Yo puede que lo
consiga por tozuda, pero ella es que lo lleva dentro. Solo tiene
un problema.

—¿Cuál?

35 —Es anoréxica.

Su madre se detuvo con el mantel que estaba guardando a
medio doblar.

---

1 **puf** *interj* expresa molestia, desagrado – 1 **tú dirás** *expresión coloq* imagínate, ¿a ti
que te parece? – 9 **dentro de lo que cabe** *loc coloq* hasta donde se puede – 19 **chao**
*coloq* adiós – 20 **una horquilla** estructura con forma de Y para poner el auricular del
teléfono – 25 **trivial** superficial, insignificante – 35 **anoréxico** que padece anorexia,
enfermedad por la que no tiene ganas de comer y está deprimido

—Pobre —frunció el ceño.

—Lo malo es que es de las que no lo reconocen. Está en los huesos y dice que está gorda.

—Sí, dicen que eso es lo peor, la insistencia en verse gordas cuando están demasiado delgadas. El primer paso para curarse es aceptar la verdad, ver lo que todos menos ellas ven.

—¿Crees que es fácil? Por eso cascan tantas.

—Dichosas modas —miró a su hija con dolor—. ¿Has hablado con ella?

—¿Yo? ¿Qué quieres que le diga? Se me ocurrió comentárselo una vez y casi me arranca los ojos. Anda que no tiene genio y carácter la Vero esa. Ya se apañará, mamá. Es mayorcita.

—¿Qué edad tiene?

—Creo que va para dieciocho.

—Entonces no es mayorcita. Aún está creciendo. Y esas cosas son irreversibles cuando se sobrepasan ciertos límites. A muchas se les va el período y su metabolismo cambia tanto que, aunque luego se recuperen, pasan años y años antes de estabilizarse, y desde luego nunca vuelven a estar bien de verdad. Es una pena.

—¿Cómo sabes tú tanto de eso?

—La prima Dolores, ¿recuerdas?

—¿Era anoréxica?

—Ya la ves. Parece una sombra. No ha tenido hijos, aunque al menos está viva.

El mundo era una caja de sorpresas. Siempre había pensado que la prima Dolores era simplemente seca.

Bueno, a lo mejor Vero no era anoréxica, y ella pensaba que sí.

No era su mejor amiga, solo una conocida.

Y una rival.

Si seleccionaban a Vero y no a ella, no tendría más remedio que odiarla.

---

1 **un ceño** parte entre las cejas (pelo encima de los ojos), entrecejo – 7 **cascar** *Esp coloq* morir – 12 **apañarse** *coloq* arreglarse, salir adelante – 12 **mayor** *dim iron* suficientemente mayor, adulto para arreglárselas solo – 16 **irreversible** que no puede volver a un estado o condición anterior – 16 **sobrepasar** pasar por encima de algo, ir más allá de un límite – 17 **el metabolismo** asimilación, transformación del organismo vivo – 27 **seco** muy delgado, de pocas carnes – 32 **no tener más remedio** *loc* haber, tener necesidad de hacer uc

## 23 Verónica

¿Por qué siempre se hacía amiga de las rivales? ¿Era masoquista o qué? A los catorce años, su mejor amiga era tan guapa que se llevaba siempre a los chicos de calle, y ella… nada. Ahora resultaba que de casting en casting entablaba conversación con una competidora, una rival. Le caía bien, de acuerdo, pero… ¿no sería porque la admiraba? Espe sin duda era buena, muy buena. Ella lo conseguiría fácil. La escogerían seguro. Y si seleccionaban a Espe y a ella no, le daría algo.

Todavía estaba pensando en ello cuando apareció su madre.

Nadie hubiera dicho que venía de trabajar toda una mañana. O se retocaba a cada momento o no sudaba o se conservaba tal cual, como si viviera en una cápsula de tiempo o en un frigorífico continuo. Estaba tan absorta que no tuvo tiempo de meterse en su habitación.

—¿Has comido? —fue su saludo.

—Sí.

—¿Y los platos sucios?

—Los he lavado.

—¿Tú? Ya.

—¡Que sí!

—Vero, hija, te lo digo en serio: no juegues con eso.

—¡Jo, no juego! —hizo un gesto de rabia—. ¡Llegas y ya estás dando la vara!

—No grites —la previno su madre—. Si estás nerviosa, date un baño.

—No estoy nerviosa, mamá. Estaba muy tranquila hasta que has llegado tú. He comido y déjame en paz, ¿vale? —hizo ademán de pasar por su lado para ir a la habitación.

Su madre la retuvo.

—Vero, por Dios —su voz reflejó todo el agotamiento mental que sentía— ¿Estás en guerra con todo el mundo o solo conmigo?

---

3 **un masoquista** up con tendencia al masoquismo (por el barón von Sacher-Masoch), perversión sexual de quien disfruta con la humillación y dolor propios – 4 **llevarse de calle** *loc coloq* gustar, seducir, conquistar, enamorar a la gente – 5 **entablar** dar comienzo a una conversación, batalla, amistad, *etc* – 7 **admirar** fascinar, ver a up con agrado especial que llama la atención por cualidades extraordinarias – 9 **darle algo a up** *loc coloq* sufrir un accidente, enfermedad o gran debilidad – 12 **retocarse** perfeccionar el maquillaje, arreglarse repetidamente con cosmética up – 13 **tal cual** *loc* la misma forma, igual que estaba – 13 **una cápsula** cabina, espacio cerrado, caja – 14 **absorto** absolutamente concentrado en lo que hace, ensimismado, inmerso

Recordó a Espe. Su saludo: «Paz».

—Yo no estoy en guerra —le dirigió una mirada crítica.

—Pues ya me dirás.

—A lo mejor, si tuviera una madre normal —la pinchó
5   sintiéndose combativa.

—Soy una madre normal.

—Las madres normales no van así a trabajar, ni salen casi
cada noche, ni…

—Yo sí —la cortó la mujer—. Y soy una madre normal. Tanto
10  como cualquier otra. No tengo nada de lo que avergonzarme.
Pero la vida da y quita, y a mí ya me ha quitado bastante, así
que ahora quiero que me dé. Si me detengo, si me rindo, todo
se terminará, ¿entiendes?

—¿De qué estás hablando?

15  —¿Por qué no abres los ojos en lugar de mirar solo tu
ombligo? El mundo está lleno de gente, cada cual con sus
problemas. ¿No sabes de qué te estoy hablando? Perfecto, muy
conveniente. Pues mira, si no sabes de qué estoy hablando es
que aún no has crecido lo suficiente, y por más que trate de
20  explicártelo no vas a querer entenderlo. Y he dicho querer
entenderlo, porque entenderlo ya podrías.

—Cuando vivía papá, todo era distinto —intentó no llorar.

—Precisamente porque quise mucho a tu padre, no pienso
volver a casarme. Pero estoy viva. Y viviré. ¡No quiero morirme
25  en vida a los cuarenta!

—¿Con cuántos hombres has salido desde que…?

—Dilo: desde que murió. Porque está muerto, cariño.
Muerto.

—¿Con cuántos, mamá?

30  —Eso no es asunto tuyo.

—¿Lo ves?

—¿Con cuántos chicos has salido tú? ¿Te lo pregunto acaso? Y
no me digas que es distinto. Hay algo llamado respeto, ¿sabes?
La vida de las personas es su vida. Si aceptaras mi libertad, si
35  fuéramos amigas, te lo diría. Pero no lo somos. Quieres que
seamos madre e hija, enfrentadas y distanciadas. Como si
odiando a alguien se tuvieran más fuerzas para seguir y más
excusas para adoptar una postura rebelde, que es lo cómodo.

---

4 **pinchar** *fig* picar, buscar hacer daño o provocar – 10 **avergonzar** dar vergüenza –
12 **detenerse** parar, frenar, dejar de moverse – 12 **rendirse** capitular, darse por
vencido – 18 **conveniente** útil, provechoso, oportuno (apropiado para un determinado
fin) – 23 **precisamente** justo, exactamente – 38 **adoptar** tomar, representar – 38 **una
postura** posición o actitud que up adopta respecto de algún asunto

—¿Quieres que seamos amigas, como en las pelis?

—Vero… —volvió el gesto de cansancio—. Si me quedara en casa, enlutada y renegando de la vida, tu propio padre se revolvería en la tumba. Siempre dijimos que, pasara lo que pasara, si un día faltaba el otro, la vida seguiría y seríamos felices.

—¿Lo eres?

La pregunta le hizo daño.

Todo el daño del mundo.

—Sin él, no, pero ya no está, así que… —se pasó una mano por los ojos tratando de detener las lágrimas.

Vero no la ayudó.

—Deberías dejar de trabajar. Al menos, podrías vivir de ellos.

La bofetada partió inesperadamente, rápida, seca. Estalló en su mejilla izquierda y le hizo volver la cara hacia la derecha. En el mismo momento del impacto su madre ya se había arrepentido del gesto, pero era demasiado tarde para echarse atrás. Los ojos de Vero se enfrentaron solo un segundo más a los suyos.

Luego se apartó de su lado y, sin decir nada, se fue a su habitación y entró en ella dando un portazo.

## 24 Eugenio

La última en llegar a la mesa fue Estefanía, todavía con cara de éxtasis. Las notas finales del CD de los Orange Crowl planeaban por toda la casa con sus tremendos ritmos sincopados y sus coros angelicales. La adolescente parecía haber estado en el paraíso, ojos brillantes, pulso acelerado. Se sentó flotando y los abarcó a todos con una mirada abrasadora.

3 **enlutado** de luto, vistiendo de negro: costumbre de manifestar así exteriormente que se llora o lamenta la muerte de up por un periodo de tiempo – 3 **renegar** negar con insistencia uc, rechazar, maldecir – 4 **revolverse en la tumba** *expresión* para indicar qué sentiría up ya muerta al ver o escuchar algo que no le gustaría (sich im Grab herumdrehen) – 15 **una bofetada** golpe en la mejilla con la mano extendida – 15 **partir** salir, marchar, irse – 15 **estallar** explotar, impactar – 19 **echarse atrás** *loc* arrepentirse, evitar hacer uc – 26 **planear** *fig* volar, fluir, ondear – 26 **tremendo** terrible, terrorífico; *coloq* excesivo – 27 **sincopado** que tiene notas sincopadas, con movimiento contrario al natural (a contratiempo) – 27 **angelical** que parece de ángel – 28 **pulso** latido, palpitación, pulsación – 28 **acelerado** nervioso, impaciente – 29 **abarcar** percibir, dominar uc con la vista de una vez – 30 **abrasador** que abrasa, produce una emoción violenta (como fuego que quema hasta consumir uc)

—¡Qué pasada! —exhaló agotada.

—¿Te lo ha prestado alguna amiga? —se interesó su madre.

—Es mío, mamá. ¿Cómo quieres que una amiga me preste un disco que acaba de salir? Nadie es tan buena amiga ni está tan loca.

—Pero si ayer no tenías ni un céntimo —se extrañó la mujer.

—Un céntimo, no; un ángel, sí —y le guiñó un ojo a Eugenio.

—Todas tus amigas encuentran palizas a sus hermanos mayores y están siempre de morros con ellos —se resignó él—. Debo de ser el único espécimen raro de la ciudad.

—Venga, que yo puedo fardar de genio, pero tú... ¿Dónde ibas a encontrar una hermana como yo?

Su padre se echó a reír.

—Yo creo que debimos hacer más, Eloísa.

—Con dos, suficiente —espetó la mujer.

Llenó los platos de todos, y el sobrante se lo añadió a su hijo.

—¿Me estás cebando o qué? —se alarmó el chico.

—Come, que tienes mucho desgaste.

—Será cerebral —se burló Estefanía.

—Tú a callar —la previno su hermano mayor—. El disco de los Orange Crowl aún no es oficialmente tuyo, así que puedo requisártelo.

—No te atreverías.

—¿Que no? —hizo ademán de levantarse y Estefanía fue más rápida.

—Vale, vale, vale.

—¿Queréis parar? —se enfadó su madre. Y al ver que su marido seguía riendo, le pasó el enfado a él—. Eso, tú anímalos. ¡Eres más crío que ellos!

—Venga, mujer —le dio un cariñoso golpe en el trasero.

—¡Dimas, haz el favor! —se sentó con los ojos echando chispas.

—No sé cómo os enamorasteis —comentó Estefanía—. Papá siempre tan divertido, y tú, mamá, tan aguafiestas.

—¿Lo ves? —la mujer fulminó a su marido con la mirada.

---

**8 un paliza o un palizas** up muy pesada – **9 estar de morros** *loc coloq* mostrar enfado en la expresión del rostro – **10 un espécimen** modelo, ejemplar normalmente con las características de su especie o tipo muy bien definidas – **11 fardar** *Esp coloq* presumir, jactarse – **15 espetar** *coloq* decir bruscamente causando sorpresa – **16 sobrante** que sobra, resta – **17 cebar** dar comida a los animales para aumentar su peso – **18 el desgaste** desgastar, perder fuerza (por su mucho uso, consumo) – **22 requisar** confiscar, expropiar, quitar – **23 atreverse** animarse, tener valor, decidirse a hacer uc *arriesgada* (→ riesgo) – **34 un aguafiestas** up que rompe una diversión, que la imposibilita; malhumorado, pesimista

—Estefanía, hay una cosa llamada equilibrio —la reconvino el hombre—. Dos locos no pueden vivir juntos, ni dos aguafiestas. Así que hay que ir compensando.

Hizo esfuerzos por no reírse, pero no lo consiguió. Primero
5 fue Estefanía la que lo arrastró a la carcajada. Después Eugenio. Los tres estallaron ante el asombro de Eloísa, que los miraba estupefacta.

—¡Será posible! —protestó la mujer.

—Bueno, vale… —Dimas hizo esfuerzos por calmarse—.
10 Estefanía, ya.

—Ya.

—Estefanía…

—¡Ya, ya! —se dominó ella, que quería seguir la juerga.

El silencio no era lo más aconsejable. Todos tenían la risa
15 fácil. Por ese motivo el hombre acabó dirigiéndose a su hijo mayor.

—¿A qué hora tienes el casting?

—A primera hora de la tarde.

—¿Qué tal?

20 —Bueno, no sé —se encogió de hombros—. Supongo que bien.

—Yo preferiría que siguieras componiendo y preparándote, pero si quieres probar eso…

—Es una forma de salir. El grupo no funciona. Si consigo
25 tablas, que se me conozca…

—Tranquilo, lo conseguirás.

—Eres un optimista —concedió Eugenio.

—Lo que es, es un inconsciente —protestó su madre. Y dirigiéndose a su marido le recriminó—: Tú sigue animándole.
30 No sé quién es más crío de los dos con esos sueños…

—Eloísa —dijo con fingida afectación—, yo pude ser una estrella, pero me casé…

—¡Papá! —volvió a reír Estefanía.

—¿Qué te crees, que esos de los Orange Bowl…?

35 —¡Crowl!

—Como se llamen. ¿Qué te crees, que un día no tendrán cuarenta y siete años como yo, o que yo no tuve veinte, como ellos?

---

1 **reconvenir** echar la bronca, criticar, reprochar – 5 **una carcajada** risa muy fuerte, ruidosa – 7 **estupefacto** sorprendido, maravillado, admirado – 13 **una juerga** diversión, fiesta – 14 **aconsejable** recomendable, adecuado, conveniente – 25 **una tabla** pl habilidad, naturalidad, seguridad en cualquier actuación ante el público – 27 **conceder** reconocer, aceptar

—O sea que la culpa de que tus sueños se frustraran la tuve yo —frunció el ceño su mujer.

—Ya sabes que no, cariño. Es broma —la mirada y la sonrisa estuvieron revestidas de una sincera bondad—. Pero este chico —señaló a su hijo— es bueno. Tiene talento de verdad. Y además te diré algo: aunque no fuera bueno ni tuviera talento, ha de seguir su instinto. Ahí afuera hay bastante gente frustrada. Si no va ahora a por los sueños, ¿cuándo lo hará?

—El día que se muera de hambre y no estemos, ya verás tú —insistió Eloísa.

—No se morirá de hambre —aseguró Dimas—. Nadie se muere de hambre si tiene instinto, si se entrega, si trabaja duro. El instinto es lo que de verdad nos diferencia de los demás y nos da carácter. Componer canciones, interpretarlas, hacer que el mundo entero las escuche, baile con ellas… Vamos, Eloísa, ya hay bastantes abogados, médicos y expertos en ordenadores. El arte es lo único que nos diferencia de las bestias, lo único realmente válido en este mundo absurdo para acercarnos a la belleza absoluta. Sin arte no seríamos nada. Así que no le digas a un artista que renuncie solo porque haya una duda, un miedo, una posibilidad de fracaso. Además, ¿qué es el fracaso? La vida está llena de alegrías y penas, éxitos y tropezones que se suceden sin pausa. Como un partido de tenis. Siempre hay un juego más. Yo apuesto por él —volvió a mirar a Eugenio con orgullo—, y tú también, aunque te hagas la dura.

Su esposa resistió su mirada.

—Alguien tiene que actuar siempre de abogado del diablo, ¿no? —se limitó a decir.

—¿Qué es un abogado del diablo? —preguntó Estefanía.

Eugenio, que apenas si respiraba escuchando a su padre, logró reaccionar y ayudar a romper aquel momento tan sobrecogedor.

Le dio un suave golpe en la cabeza a su hermana.

—Si estudiaras más…

—¡Mamá! —protestó Estefanía recuperando sus mejores días de niña.

---

**1 frustrar** dejar sin efecto un intento, evitar que suceda, reprimir – **4 revestido** cubierto, con cierto aspecto o carácter – **4 la bondad** cualidad de bueno, con tendencia a hacer el bien – **16 un experto** experimentado, entendido, técnico – **18 válido** legítimo, útil, aceptable – **18 absurdo** sin sentido, irracional, ilógico – **19 absoluto** total, completo – **20 renunciar** dejar voluntariamente, abandonar; rendirse – **22 un tropezón** tropezar – **24 apostar** confiar en up cuya idea o plan tiene cierto riesgo – **27 un abogado del diablo** up que contradice buenas causas – **32 sobrecogedor** impresionante, emocionante, conmovedor

# Segunda parte

## La prueba

*(Por la tarde)*

**25**

⁵    Espe salió de su casa con la bolsa colgada del hombro y dudó muy poco entre ir a pie a la cita o dirigirse a la parada del autobús. No temía el cansancio extra que le supondría andar, así que escogió caminar. Lo prefería a meterse en otra lata de sardinas como el metro de la mañana y deprimirse todavía
¹⁰ más.

   Y le gustaba caminar.

   Una forma como otra cualquiera de sentirse libre.

   Barata.

   El dinero, siempre el dinero. Nunca había pensado en él y de
¹⁵ pronto… era lo más importante.

   Mantuvo un paso vivo, habitual en ella, acelerado y enérgico. Odiaba detenerse en los semáforos, así que los estudiaba de lejos para saber cuándo cambiaría el disco. Si uno se ponía en rojo en su sentido, aprovechaba para cruzar la calle, y viceversa
²⁰ si era al revés. En ocasiones pasaba por en medio de los coches, a media calzada. Se trataba de mantener el ritmo. También era una especie de gimnasia mental. En el calor de primera hora de la tarde, el tránsito no era muy acusado.

   Se fijó en la gente.

²⁵    Si pudiera asomarse a la cabeza de cada cual, en todas hallaría un problema, una preocupación. Caminaban pensativos, solitarios, islas en mitad de aquel enorme océano que era la vida. Para los demás, ella misma no era más que una chica guapa y especial, llena de vitalidad, aparentemente feliz.
³⁰ No tenían ni idea de adonde iba ni qué se disponía a hacer.

   La gente aún creía que juventud era sinónimo de felicidad.

---

5 **colgado** gehängt – 7 **el cansancio** fatiga, estar cansado, falta de fuerzas que resulta de haberse fatigado – 7 **suponer** traer consigo, significar – 9 **como sardinas en lata** *loc* muy estrecho por la gran cantidad de gente reunida en un lugar – 17 **un semáforo** aparato eléctrico con señales de luz para regular el tráfico, la circulación (Ampel) – 19 **viceversa** al contrario, al revés – 23 **un tránsito** transitar, pasar por una calle, carretera, *etc* personas y vehículos – 23 **acusado** que destaca de lo normal – 30 **disponerse a + INF** *loc* estar a punto de, cerca de

Pensó en su resentimiento.

¿Era todo a causa de su padre y su espantada?

¿O en el fondo siempre había sido igual?

Tenía que concentrarse en la prueba y únicamente en ella.

5 Pasar del resto. ¿A qué venía ahora comerse el coco? Calma, relax, tranquilidad o metería la pata. Si no estaba concentrada pasaría lo peor, y ya conocía de sobra los resultados. Tenía experiencia en fracasos. Mucha experiencia. Al llegar el momento…

10 ¿Por qué había llamado a Vero?

Sí, compartían la misma pasión por todo: actuar, bailar, cantar… Pero nada más. Nunca habían salido juntas. De casting en casting y tiro porque me toca. Ni siquiera la conocía del todo bien, salvo aquellos minutos de confidencias la

15 última vez. Sin embargo, había algo en ella. Algo con lo que se identificaba. A su lado se sentía bien, cómoda. No tenía que fingir nada. Hablaban el mismo idioma. Y las dos estaban sin padre.

El arte hacía extraños compañeros de viaje.

20 No era mala tía. Si las cogían juntas…

## 26

Vero tenía a Espe en la cabeza.

Aquella llamada telefónica para quedar antes de ir al casting…

25 Se llevaban un año y medio, lo único que las unía era su pasión por la escena, ser artistas. Nunca habían hablado en profundidad a excepción de la última vez, cuando salió lo de los padres y las madres. Los suyos, como le dijo inesperadamente, recién separados. Eran dos desconocidas en nerviosas esperas

30 a lo largo de los cuatro o cinco castings en los que habían

---

1 **el resentimiento** enfado, odio, pesar – 2 **una espantada** irse de repente, abandonar una actividad para no enfrentar una situación por miedo – 5 **comerse el coco** up *Esp loc coloq* ocupar insistentemente su pensamiento con ideas fijas que pueden llevar a hacer cosas que de otro modo no haría – 7 **de sobra** *loc* bastante, más que suficiente – 13 **de oca a oca y tiro porque me toca** expresa que se hace lo que se debe, sin pensar demasiado; viene de una frase hecha en el juego de la oca (Gänsespiel) – 14 **una confidencia** secreto, noticia reservada; confianza estrecha, íntima – 16 **identificarse** llegar up a tener las mismas creencias, propósitos, deseos, *etc*, que otra; reconocerse en ella – 25 **llevarse** distanciar, diferenciar, separar – 27 **a excepción de** *loc* excepto, aparte de, además de

coincidido. En el anterior se habían intercambiado el teléfono, casi por cortesía. Ahora las dos estaban seleccionadas y… ¿Buscaba su apoyo? ¿Era eso? ¿Iba Espe de hermana mayor o…? ¿O qué?

5 ¿Y por qué tenía que buscarle motivos a todo?

Una conocida que estaba en su misma situación la había llamado, nada más. Punto.

—Joder… —suspiró.

Cada vez estaba más nerviosa, más angustiada. Y no solo en 10 un día como aquel, el de la prueba. Era desde hacía semanas, meses. Su intransigencia llegaba a límites… Como con su madre.

Aquella bofetada de pronto le dolía en lo más profundo.

Su madre nunca le había puesto la mano encima antes.

15 Así que comprendía que era una bofetada de las amargas, de las que causan más daño al que las da que al que las recibe. La bofetada de la desesperación.

Quizás fuese hora de tener de nuevo una amiga.

Alguien con quien compartir un secreto, una intimidad, un 20 sueño.

Aunque fuese una amiga como Espe, tan guapa, tan delgada, tan sexy. El pasado no tenía por qué repetirse. A los catorce años era una ingenua. Su mejor amiga le había pisado el novio porque él era idiota, no por otra cosa. Los tíos siempre se 25 mueren por los planes fáciles y hechos.

Pero ser amiga de alguien a quien se admira… ¿Tenía sentido?

Sola y retraída. Sola y retraída. Sola y retraída. Su sino.

Se detuvo en un semáforo, frente a la esquina de la plaza 30 en la que se encontraría con su compañera, y esperó a que cambiara el disco. Miró arriba y abajo de la calle, por la que circulaban escasos coches, y de pronto sintió la punzada en la tripa. Bueno, más que una punzada fue como si la atravesaran con una aguja.

---

1 **coincidir** pasar al mismo tiempo – 2 **la cortesía** demostración o acto con que se manifiesta respeto, afecto o atención – 11 **la intransigencia** inflexibilidad, intolerancia, dureza, fanatismo – 14 **poner la mano encima a up** *loc coloq* pegar, golpear – 23 **ingenuo** inocente, sincero, naíf – 23 **pisar** *coloq* adelantarse a up con habilidad o audacia para disfrutar de un objetivo determinado – 28 **retraído** poco sociable, hermético, introvertido – 28 **el sino** destino – 32 **escaso** limitado, incompleto, pobre – 32 **una punzada** dolor, pinchazo – 33 **atravesar** pasar a través de uc al otro lado – 34 **una aguja** Nadel

Se dobló sobre sí misma. Estaba sola. Intentó enderezarse y la punzada se repitió, ahora agravada porque la sintió arder en su interior. Tenía un árbol a un metro y, como pudo, se aproximó a él para apoyarse. Respiró despacio, con calma, sin ponerse nerviosa. Porque no eran más que eso, estaba segura: nervios. Tenía que respirar, largo y profundo, y calmarse. Si no había comido nada, no podían ser los efectos de una mala digestión.

Tal vez el período.

Después de dos meses sin él... volvía a lo bestia.

El período, claro.

—Mierda... Ahora no —gimió.

Ni llevaba nada en la bolsa. ¡Sería mema!

No tuvo prisa. Respirar, expirar. El dolor menguó y, poco a poco, logró enderezarse lo suficiente como para estirarse. Se iba. Desaparecía. Una falsa alarma. O un aviso.

—Espera a la noche. No me lo estropees.

El semáforo volvía a estar en rojo, pero se sentía mejor.

Por la otra acera vio a Espe, llegando puntual a su cita.

## 27

Las dos acercaron sus rostros para darse sendos besos en las mejillas.

—Hola.

—¿Qué tal?

—Imagínate... Nervios.

—Lo mismo, tía. Saber que hoy es decisivo y que has pasado una primera selección... Llevo un día fatal.

—Tienes mala cara —Espe la observó de cerca.

—¿Yo? ¡Qué va! —negó Vero con la cabeza.

—Pues tienes ojeras.

—No sé.

---

2 **agravar** hacer algo más grave o molesto de lo que era – 2 **arder** *fig* estar uc encendida o produciendo fuego (quemándose) – 8 **una digestión** digerir, asimilar los alimentos el organismo – 10 **a lo bestia** *loc* violentamente, sin contemplaciones – 13 **memo** estúpido, tonto, simple – 14 **expirar** ≠ aspirar – 14 **menguar** disminuir, reducir – 17 **estropear** echar a perder, hacer que no se consiga lograr un asunto o proyecto – 21 **sendos** uno o una para cada una de dos o más personas o cosas, respectivos, correspondientes – 30 **una ojera** *pl* marca, mancha que se forma en el inferior de los ojos a su alrededor (Augenring)

—Perdona —Espe forzó una sonrisa—. La gente siempre ve la paja en el ojo ajeno, pero lo que es la viga en el suyo… A saber qué cara debo de tener yo.

—Tú estás bien —Vero fue sincera.

5 —Ya, ya.

—Espléndida, en serio. Además, a ti deberían darte el papel sin hacerte ninguna prueba. Estarán locos si no te eligen.

—¡Eh, deberían seleccionarnos a las dos!, ¿vale? ¡Tú sí eres una amiga! —se echó a reír Espe.

10 —Si nos aceptan a las dos, lo celebramos. Y si nos rechazan a las dos, nos cortamos las venas con la misma cuchilla. ¿Qué te parece?

—¿Y si es una sí y otra no?

—La que gane paga una cena —dijo Vero sin demasiado 15 convencimiento.

—Entonces prefiero perder —reconoció Espe—. Estoy sin blanca.

—Tú y todas.

—Yo más. No sabes cuánto necesito ese trabajo.

20 —¿Crees que yo vivo del aire?

—No, claro. Perdona.

—¿No llevarás compresas por casualidad? —Vero señaló la bolsa de su nueva amiga.

—Sí.

25 —¿En serio?

—Yo llevo de todo en esta bolsa, hija. Menos dinero… Hay que ir preparada.

—Oye, pues me harás un favor, porque una farmacia abierta a esta hora no sé yo si…

30 —Tranquila —dijo Espe—. Y no me digas que te va a venir el período.

—Me temo que sí, no sé –¿le hablaba de la punzada? Decidió que no.

—Pues vaya mierda.

35 Se miraron con una media sonrisa de comprensión en los labios.

---

2 **ver la paja en el ojo ajeno y no ver la viga en el propio** *sentencia* que recrimina a quien percibe los mímimos fallos en los demás y no se da cuenta de los suyos – 6 **espléndido** estupendo, magnífico, maravilloso – 11 **una vena** conducto por donde circula la sangre al corazón – 11 **una cuchilla** Klinge – 15 **el convencimiento** estar convencido, seguro de uc – 17 **estar up sin blanca** *Esp loc* no tener dinero – 22 **una compresa** toalla higiénica que utilizan las mujeres cuando tienen la menstruación

Seguían quietas en la esquina donde se acababan de encontrar. Las dos cargadas con sus bolsas, más grande la de Espe, colgada de su hombro derecho, y más pequeña la de Vero, en forma de mochila y sujeta a su espalda. Tenían tiempo.

5 —¿Autobús o metro? —propuso Vero.

—Autobús —dijo Espe.

Comenzaron a andar hasta la parada, a unos veinte metros de su posición.

## 28

10 Eugenio colocó la bolsa de deportes en la parte de atrás de la moto, la sujetó con las dos cintas elásticas y se dispuso a ponerse el casco antes de instalarse en su sillín. Por la puerta del edificio salió en ese instante Emma, su vecina. De niños habían jugado juntos, compartiendo muchos buenos

15 momentos, incluido cuando, con siete, ocho o nueve años, jugaban a los médicos. Después las cosas habían cambiado. Bueno, en el caso de ella no, porque estudiaba medicina. Dejaron de verse más o menos al empezar la adolescencia, con universos separados por otros intereses, aunque Emma seguía

20 mirándole con aquella intensidad tan suya. Sus ojos siempre brillaban cuando se tropezaban en el ascensor o la escalera.

—Hola, Genio —lo saludó por su apodo plantándose delante suyo—. Suerte.

—¿Suerte?

25 —Me ha dicho tu hermana que hoy tienes una prueba muy importante.

—Tengo una prueba, pero lo de que sea importante o no… está por ver.

—¿De qué es?

30 —No lo sé. No lo dijeron. Secreto. Pero hay que saber hacer un poco de todo, por eso me picó la curiosidad.

—Te dan el papel, seguro.

---

11 **elástico** flexible, extendible, de forma variable – 12 **un casco** protección para la cabeza – 12 **instalarse** establecerse, ponerse, colocarse en el lugar debido – 12 **un sillín** *Esp* asiento de la bici o motocicleta – 22 **un apodo** alias, pseudónimo, nombre que suele darse a up en sustitución del propio (normalmente tomado de su aspecto físico u otra circunstancia) – 22 **plantarse** *coloq* llegar con brevedad a un lugar, rápidamente – 32 **un papel** personaje de la obra dramática que representa el actor

Todo el mundo estaba convencido de que lo tenía fácil. Coser y cantar. Por la noche le diría cuatro cosas a Estefanía. ¿Iba anunciando todo lo suyo por ahí o qué? Se sintió un poco ingenuo.

5   Y Emma lo captó.

—Eres bueno, no te preocupes —bajó los ojos un poco—. Todavía guardo aquella canción que me grabaste en casete y a veces la escucho. Es fantástica.

—Valdrá una pasta gansa cuando sea famoso —le dio por 10 bromear.

—¿Te crees que no lo sé? —sonrió su vecina.

Una canción de amor. A los doce años. Hablaba de «cuando nuestras pieles desnudas descubrieron que la vida es un beso prohibido». Su madre los había sorprendido el último día que 15 jugaron a médicos. ¿O hubo más?

Ya no lo recordaba.

Como si Emma captase sus pensamientos, se puso un poco roja.

—Bueno, me voy —se despidió—. El primer autógrafo para 20 mí, ¿eh?

—Vale.

La vio alejarse con su característico andar de pasos cortos y medidos, falda ancha, media melena al viento. Era relativamente atractiva, pero, más que eso, lo que siempre 25 recordaría de ella era su dulzura. Seguro que ya tenía a dos o tres babeando a su alrededor; aunque de novio, nada. Su madre solía dar el parte de incidencias con regularidad. De haber seguido juntos…

No, qué tontería. La infancia era la infancia y la adolescencia, 30 la adolescencia. Todo eso había quedado atrás.

El mundo casi nunca encajaba al cien por cien.

Igual que los programas de ordenador. Si no tenías el adecuado, los archivos de los demás no se abrían.

---

2 **coser y cantar** *expresión coloq* indica que lo que se tiene que hacer no es nada difícil, es muy fácil – 9 **una pasta gansa** *Esp coloq* cantidad grande de dinero ganada con facilidad – 25 **la dulzura** cualidad de dulce – 26 **babear** *coloq* hacer demostraciones de excesiva complacencia, satisfacción o contento ante up

## 29

Iban sentadas en la parte posterior, Vero en la ventanilla, Espe en el asiento del pasillo. No tenían a nadie cerca, ni delante ni detrás, y llevaban ya un buen rato de cháchara. Las
5 dos se sentían mejor, más relajadas. Daban rienda suelta a sus nervios con aquel diálogo intrascendente que las liberaba poco a poco de las tensas horas previas.

Aunque una y otra vez volvían a lo mismo.

El casting.

10 La obsesión.

—¿Crees que habrá pasado aquella chica?

—¿Cuál, la pelirroja?

—Sí.

—Seguro. Era muy buena, y además llamativa.

15 —Yo no creo que la vayan a coger por ser llamativa —dijo Espe.

—Pues yo pienso que sí. Con esa melena rojiza… Es lo que les va.

—¿A quiénes?

20 —A los tíos.

—Si Xavier Recasens está detrás de todo esto, te aseguro que escogerá a la que valga, no a la que tenga una melena roja o unas tetas bonitas.

—Me gustaría creerte, pero… —suspiró Vero.

25 —Pareces desencantada.

—Mujer, es que hay cosas…

—Por esta regla de tres, también te escogerán a ti.

—¿A mí? A ti sí, pero a mí…

—Oye —se puso seria Espe—, ya me gustaría a mí saber
30 moverme como lo haces tú, ¿vale?

—¿En serio?

—¿Bromeas? Tienes temperamento, vives la escena.

—Pero no actúo bien.

---

2 **una ventanilla** ventana que tienen coches, trenes y otros vehículos a los lados – 4 **una cháchara** conversación frívola, superficial, trivial – 5 **dar rienda suelta** *loc* dejar libre, sin control – 6 **intrascendente** insignificante, trivial – 10 **una obsesión** idea, deseo, preocupación que no se puede apartar de la mente – 12 **un pelirrojo** up que tiene el pelo rojo – 14 **llamativo** que llama la atención, atractivo, espectacular – 23 **una teta** cada uno de los órganos salientes en el pecho por donde beben los bebés – 25 **desencantado** desilusionado, decepcionado – 27 **por esa regla de tres** *expresión* para indicar qué conclusión o resultado tiene la lógica de un argumento determinado

—Eso se puede mejorar, pero la pasión, el sentimiento…
¡Eso o se tiene o no se tiene!

—Ya ves —Vero desvió la mirada y la dirigió al otro lado de la
ventanilla, como si le pesara aceptar aquello—, yo pienso que
5 quien lo tiene fácil eres tú, mientras que yo…

—Me parece que somos de las que nos comemos el coco
demasiado —reconoció Espe.

—Cuando has soñado y deseado algo toda tu vida… —volvió
a dejar la frase sin terminar.

10 Espe la observó. Su pálpito, su agudeza de rasgos acentuada
por la extrema delgadez, la determinación. Era como verse a sí
misma en un espejo, aunque distinta. Por eso estaban juntas.
Por eso la había llamado, ahora lo comprendía. Por eso y
porque sus dos madres no bastaban.

15 —Dicen que las que no tenemos padre crecemos paranoicas
—suspiró despacio.

Vero la miró.

—Tú tienes padre —objetó.

—Ya no.

20 —Se ha ido con otra, eso es todo, pero está vivo. El mío, en
cambio, está muerto.

—La única diferencia es que tú lo perdiste hace años y yo
hace unos meses, pero es lo mismo. Para mí ha muerto.

—¿Hablas en serio? —alucinó Vero.

25 —Sí.

—Estás loca.

—¿Por qué?

—Porque lo que dices es absurdo, un simple resentimiento.

—Mira —la interrumpió Espe—, ojalá mi padre estuviese
30 muerto, como el tuyo. Al menos le lloraría. En cambio, ahora
le odio.

—Pues ojalá mi padre estuviese vivo —dijo Vero con
acritud—, porque tal vez ahora le odiase, pero con el tiempo
sé que no sería así, y que entonces le necesitaré y no le tendré
35 conmigo. Preferiría odiarle antes que llorarle.

Sus ojos se encontraron. Había chispas en ellos. Estrellas
fugaces convertidas en luces que parpadeaban al compás de

---

3 **desviar** apartar, alejar – 4 **pesar** producir pena, dolor interior – 10 **un pálpito**
intuición, sospecha – 10 **la agudeza** cualidad de afilado, con punta – 18 **objetar** oponer
una razón a lo que se ha dicho u opinado – 29 **interrumpir** parar, detener – 33 **la
acritud** brusquedad, dureza, agresividad – 37 **una estrella fugaz** *fig* estrella que se
mueve a gran velocidad y se apaga rápido – 37 **parpadear** cerrar y abrir los ojos
involuntariamente – 37 **un compás** ritmo

sus corazones. Cada una intentaba penetrar en el alma de la otra y se tropezaba con el espejo propio.

—¿Querías mucho a tu padre? —susurró Espe.

—Con locura —fue terminante Vero—. Estábamos muy
5 unidos.

—Yo no sé si… —Espe reflexionó. Tuvo que apartar la nube negra de su presente y superar la barrera, volver al antes, asomarse al pasado, cuando eran una familia normal y feliz, los tres juntos. Entonces descubrió una verdad que empezaba
10 a olvidar, barrida por el viento de su desconsuelo. Una verdad llena, al mismo tiempo, de dulces y amargas sorpresas. Tardó todavía unos segundos en responder, con un hilo de voz, y cuando lo hizo se sintió tan sola como huérfana de todos aquellos sentimientos negativos anteriores. Le bastó con
15 musitar un quedo—: Sí, supongo que sí. Le quería mucho, claro. Mucho… muchísimo… Entonces…


## 30

Eugenio detuvo la moto delante del local en el que los habían citado y se apeó de ella. Se quitó el casco y lo sujetó con una
20 cadena a la rueda trasera. Luego recogió la bolsa y se quedó mirando el destartalado edificio por espacio de unos segundos. Unos días antes, allí, habían tenido lugar las primeras pruebas, y eran un enjambre. Así que ahora se preguntó cuántos habrían superado aquella primera criba.
25 El lugar era un viejo teatro y cine que ya no se abría al público, pero estaba limpio, no parecía abandonado. Todo el barrio tenía un aire caduco y añejo, lleno de obsoletas evocaciones a un pasado mejor, aunque no tan remoto. El vestíbulo era angosto y una simple puerta lo comunicaba con

---

1 **penetrar** meterse, pasar, introducir – 3 **susurrar** hablar bajo, murmurar – 7 **una barrera** muro, valla – 10 **barrer** llevarse todo lo que hay en un lugar, no dejando nada de lo que había; apartar – 10 **el desconsuelo** angustia, tristeza, desánimo – 12 **con un hilo de voz** *loc* muy bajo, sin producir apenas sonido – 13 **huérfano** que le falta algo, abandonado – 19 **apearse** bajar de un vehículo – 20 **una cadena** *uc* que une a otra sin posibilitar que se separe – 21 **destartalado** desordenado, ruinoso, estropeado – 23 **un enjambre** grupo de muchas personas, una multitud – 24 **una criba** selección rigurosa – 27 **caduco** propio de otra época, en desuso, pasado de moda, anticuado – 27 **añejo** *coloq* que tiene mucho tiempo, muchos años – 27 **obsoleto** inadecuado a las circunstancias actuales, anticuado – 28 **una evocación** traer a la memoria, evocar – 28 **remoto** lejano – 29 **un vestíbulo** entrada, recibidor – 29 **angosto** estrecho, reducido, apretado

la sala, pero por la parte de atrás había mucho espacio: era el lugar destinado al atrezo, y allí se congregaban los aspirantes, en una amplia sala rectangular que daba a unos pasillos y estos, a su vez, al escenario. Entró creyendo que era el primero 5 o de los primeros porque llegaba muy temprano, y para su sorpresa se encontró con una decena de convocados de ambos sexos. Unos estaban tumbados en el suelo, leyendo o haciendo estiramientos de brazos y piernas; otros hablaban entre sí, y los más estaban de pie, flexionando sus miembros.

10 Buscó un rincón apartado y solitario y se dirigió a él sin decir nada. No conocía a nadie. Un vistazo discreto le reveló lo más importante: la chica del cabello corto no estaba allí. Tal vez no hubiese pasado. O tal vez llegaría más tarde. Se sentó de cara a la puerta y se quedó inmóvil.

15 Dos, tres, cinco minutos.

Llegaron otros siete candidatos y candidatas.

Ninguna era la chica del cabello corto.

Y ya eran diecinueve. Faltaban alrededor de quince minutos y ya eran diecinueve.

20 Bueno, en la primera selección debían de ser doscientos, así que…

Y si buscaban un cuerpo de baile, o personajes para una serie de televisión, era normal que citasen al menos a dos docenas de candidatos.

25 Una chica le miró desde el fondo. Era pelirroja. Su cabello formaba una llamarada en su espalda. Todo lo que tenía de sexy lo tenía de abierta, la recordaba perfectamente. Reía con todas las ganas del mundo, de forma directa, sin llevarse la mano a los labios como hacían las inseguras. Tendría unos veinte años. 30 A pesar de todo, no le gustaba. La exuberancia siempre se le había antojado la antítesis de la discreción. Prefería la belleza de la chica del cabello corto, era como un ángel. O al menos así se lo parecía a él.

Un ángel que había pasado, como siempre, tan lejos de él 35 como el cometa Halley de la Tierra. Suficiente para verlo, pero demasiado lejos para tocarlo.

---

2 **destinar** determinar algo para un fin determinado – 2 **un atrezo** objetos para el escenario teatral – 2 **congregar** reunir, juntar, agrupar – 2 **un aspirante** candidato, up que desea un empleo, *etc* – 6 **un convocado** up a quien se cita, llama para que vaya a un lugar determinado – 10 **un rincón** esquina, lugar apartado y pequeño – 26 **una llamarada** llama (o *ant* flama) de fuego que se levanta y apaga pronto – 30 **la exuberancia** riqueza, abundancia – 31 **antojar** parecer uc probable, suponer – 31 **la discreción** prudencia, reserva

Eugenio sacó su libreta de la bolsa. Llevaba un bolígrafo metido por dentro de la espiral. Lo extrajo, la abrió y empezó a escribir. No quería montar el número él solo. Un poco antes de que le tocara, ya haría algo para entrar en calor. Nada más.
5 Escribir le relajaba la mente.

## 31

Bajaron del autobús sin dejar de hablar de sí mismas y de su mundo. Era la primera vez que lo hacían hasta ese extremo, y de pronto las dos se sentían cómodas. Ninguna reconvención,
10 ningún muro, solo la libertad de comunicarse con alguien parecido. Para Vero era una sorpresa después de tanto tiempo cerrada, cautiva de su depresión. Para Espe, un salto hacia adelante después del odio almacenado en aquellos meses pasados.
15 Vero hizo la pregunta.
—¿Qué tal te llevas con tu madre?
—Fatal —reconoció Espe.
—Pues estamos igual, porque yo con la mía…
—Bueno, tu madre es viuda, y desde hace años.
20 —¿Y qué?
—¿No deberías apoyarla? No sé, para que salga —tanteó Espe.
—Querida —Vero soltó un bufido de sarcasmo—, créeme, este no es el problema, sino todo lo contrario. Mi madre sale cada noche, y con un tío distinto.
25 —Le va la marcha.
—Cantidad.
—Pues deberías presentarla a la mía. No sale de casa y está todo el día llorando su soledad.
—Porque acaban de abandonarla. No sé qué es peor.
30 —¿Qué crees que es peor? —preguntó Espe.
—Mira: mi madre sabe que él no volverá, nunca, porque ha muerto. No existe. Pero la tuya sabe que está ahí, en alguna parte, y feliz, montándoselo de coña con otra. Cuanto más feliz sea él, más debe dolerle a ella.

1 **una libreta** pequeño cuaderno o libro para escribir en él anotaciones o cuentas –
2 **una espiral** *aquí:* metal que se retuerce para sujetar las hojas de la libreta – 9 **una reconvención** → reconvenir, criticar, reprochar – 12 **cautivo** prisionero, encerrado en un lugar contra su voluntad – 19 **un viudo** marido cuya mujer ha muerto – 21 **tantear** intentar saber las intenciones, opiniones o cualidades de up; buscar, calcular –
33 **montárselo** *loc coloq* arreglárselas, desenvolverse, valerse

Espe sintió una punzada de dolor.

—Deberías ser psicóloga —manifestó.

—¿Por qué se fue tu padre? —le tocó el turno a Vero.

—Le entró la locura de la madurez.

5 —No puede ser solo por eso.

—¿Ah, no? Pues ya me dirás.

—Seguro que no funcionaban en la cama. Todo se reduce a eso.

—Ni idea.

10 —¿Tu madre es joven, guapa… se cuida?

—Es normal —dijo Espe.

—O sea, de las que pasan.

—No sé.

—A veces pienso que los tíos siempre están vivos… y en
15 cambio nosotras envejecemos antes —masticó cada una de
sus palabras—. Salvo excepciones, claro, como mi madre.

—¿Cómo es ella?

—Una bomba —no se cortó un pelo al decirlo—. La clásica
"tía buena". Cuando mi padre vivía, a él le gustaba que fuese
20 escotada y minifaldera, y a mí me parecía más normal, aunque
a veces me daba vergüenza ir con ella. Pero desde que papá
murió… se ha salido. Dice que quiere vivir, nada más.

—Es libre —aceptó Espe.

—Está loca —fue terminante Vero—. Hoy ha llegado a las
25 siete de la mañana.

—¿Borracha?

—No, eso sí que no. Controla cantidad.

—Pues ojalá tuviese una madre así, viva. La mía está muerta
en vida.

30 —Yo preferiría la tuya.

—¿Por qué no cambiamos? —propuso Espe.

—No estaría mal. Yo quiero una madre normal…

—O sea, tonta. Y yo una que…

---

2 **manifestar** expresar, declarar, opinar – 3 **tocar** haber llegado el momento oportuno,
adecuado de hacer uc – 3 **un turno** orden según el cual se suceden varias personas en
una actividad o función – 4 **la madurez** edad madura, estar en plenitud vital sin haber
llegado a viejo (la vejez) – 15 **masticar** coloq pensar con reflexión, considerar despacio
uc – 20 **escotado** con escote, abertura en una prenda de vestir por la que asoma el
cuello y parte del pecho – 20 **una minifaldera** que lleva minifalda – 22 **salirse** coloq fig
destacar, sobresalir por encima de los demás – 26 **borracho** bebido, alcoholizado

No terminó sus palabras. Caminaban a buen paso, cerca ya del lugar de la cita. Apenas habían intercambiado miradas de soslayo. Ahora, en cambio, sí se miraron a los ojos.

—Nadie se conforma con lo que tiene, ¿verdad? —dijo Vero.

## 32

Eugenio escribía a toda velocidad, como casi siempre que tenía una idea que le explotaba en la mente. Por lo general, sus poemas no eran fáciles de musicar, pero primero se lanzaba a tumba abierta, los sacaba de dentro, los lanzaba sobre el papel, y después, cuando encontraba una melodía, si la encontraba, la adaptaba. A veces incluso encajaban como un guante.

Terminó el último verso y respiró agitado. Se olvidaba de respirar. Levantó la cabeza para estudiar el panorama y, dado que todo seguía igual, con la excepción de que eran algunos más, leyó su más reciente obra. Todavía sin título.

*Voy a lavar esta camisa que huele tanto a ti*
*Y a quitar tu cepillo de dientes de mi baño*
*Todos los icebergs se derriten al llegar a mares cálidos*
*Voy a echarte de menos el resto de mi noche*
*Romperé esa foto que nunca nos hicimos*
*Piensa en mí al olvidar que me amaste*
*Voy a abrir la ventana y a limpiar esa almohada*
*Cambiaré el mando a distancia de mi vida*
*Cuando llegues al final del camino no des la vuelta*

*Todos los corazones se rompen al crecer*
*Todos los corazones sangran al perderse*
*Todos los corazones mueren al despertar*

---

3 **de soslayo** *loc* superficialmente, de refilón, de pasada para evitar una dificultad – 4 **conformarse** adaptarse a una costumbre aceptándola con resignación – 9 **a tumba abierta** *loc* con gran velocidad y peligro, sin reservas o prudencia – 11 **como un guante** *loc* perfecta, adecuadamente – 12 **agitado** acelerado, intranquilo, inquieto – 18 **derretir** convertir en estado líquido el hielo o algo sólido por medio del calor, deshacerlo – 23 **un mando a distancia** aparato para modificar o cambiar desde lejos el funcionamiento de una máquina, *p ej* una televisión

*Voy a pedir que borren la suscripción de tu amor*
*Aún llevo tu perfume perdido en mi olfato*
*Cuando grites mi nombre no te tragues las lágrimas*
*Voy a quitar tu huella del fondo de mi alma*
5 *Y a borrar el vídeo de nuestra vieja película*
*Todas nuestras lunas llenas caben en un cubo*
*Voy a leer la última carta que no me enviaste*
*Ahora los días son eternos más allá de ti*
*Nadie llorará por nosotros porque nunca lo dijimos*

10 *Todos los corazones se rompen al vivir*
*Todos los corazones sangran al saber*
*Todos los corazones mueren al olvidarse*

*Voy a quemar los libros que no leímos*
*Arrancaré las páginas de todo el calendario*
15 *Volaré en línea recta por el universo para no volver*
*Voy a fingir que no te oí al decirme "para siempre"*
*Pediré una exención en mi trabajo de ser*
*Si buscas mi rostro entre la multitud lo encontrarás*
*Voy a romper el espejo en el que te reflejaste*
20 *Y a tirar todas las noches que no usamos*
*Todos los corazones existen para el amor*

Levantó la cabeza del texto y justo en ese instante la vio entrar.

La chica del cabello corto.

25 Espléndida.

Iba con otra de la vez anterior, una muy delgada, en los huesos. Las dos se quedaron quietas en la puerta observando al personal, como si lo estudiaran. Después buscaron un espacio solitario, igual que él, y caminaron casi en su dirección
30 hasta detenerse delante, a unos siete u ocho metros.

Eugenio bajó la cabeza y retocó uno de los versos, o más bien fingió que lo retocaba.

Siguió pendiente de la chica del pelo corto.

Le parecía aún más guapa.

1 **borrar** hacer desaparecer, suprimir, quitar – 1 **una suscripción** *fig* suscribirse, obligarse a pagar una cantidad para poder recibir periódicamente libros, *etc* – 2 **el olfato** sentido corporal con el que se puede oler, percibir aromas – 3 **tragar** disimular, soportar, aguantar – 4 **una huella** resto, señal – 6 **caber** haber lugar, espacio para contener algo – 6 **un cubo** Eimer – 17 **una exención** eximir, librar de obligaciones, permitir a up no trabajar durante un tiempo – 18 **una multitud** número grande de personas o cosas – 33 **pendiente** atento, con atención

## 33

Los pensamientos de Espe eran los habituales. Pasando de los chicos, todas las chicas convocadas le parecían muy guapas. Todas habrían despertado las mismas pasiones en el metro o en cualquier parte. Y no era un casting de belleza, sino de teatro. Pero daba lo mismo. Con mérito artístico o sin él, habían seleccionado a las más llamativas, incluida la pelirroja, por supuesto.

Vero, en cambio, se fijó en el chico que estaba sentado delante de ellas, a unos siete u ocho metros. Escribía algo en una libreta.

—Este también ha pasado —le hizo una seña a Espe.

—¿Te gusta?

—Está como un queso. ¿No te parece mono?

—Psí —puso cara de no haber pensado mucho en ello.

—¿Le viste el otro día? Es muy bueno, pura fibra. Tiene un cuerpo muy bonito.

—¿Nos sentamos? —vaciló Espe.

—No está muy limpio, pero supongo que da igual.

Al otro lado, los escasos bancos habilitados estaban ya ocupados. Se sentaron en el suelo y apoyaron las espaldas en la pared. El chico que escribía quedaba justo enfrente de ellas, a la derecha. Ellas y él se hallaban a la misma distancia del ángulo formado por las dos paredes.

—¿Tienes novio? —preguntó Espe.

—No, ¿y tú?

—Yo tampoco.

—Pero habrás tenido.

—Nada serio, pasar el tiempo, locuras de esas de morirte dos días y luego despiertas y te dices: «¿Pero cómo es posible que me gustase ese idiota?».

—Sí, eso me suena —se rió Vero.

Miraba fijamente al chico de delante.

6 **un mérito** valor que hace merecer uc a up – 14 **estar up como un queso** *loc fam* ser muy atractivo, guapo, bien formado, *sexy* – 14 **mono** *fam* lindo, gracioso, atractivo – 15 **psí** *sonido aquí*: para afirmar indicando escepticismo – 16 **ser up pura fibra** *loc fam* tener un cuerpo atlético, estilizado y musculado – 20 **habilitar** preparar uc para que sirva a un fin determinado

Cuando él levantó sus ojos durante una breve fracción de segundo, se encontraron y se apartaron igual que si hubiesen chocado contra un muro invisible en el que hubiesen rebotado.

5 Vero sonrió llena de malintencionada ironía.

—¿Crees que será gay? —susurró.

—¿Por qué ha de serlo, porque baila y es artista? ¡No me digas que eres de las que creen en los tópicos! —se enfadó Espe.

—No, no lo digo por eso. Es que es demasiado guapo para 10 ser normal.

—Tía, está bien, pero tampoco es para tanto, ¿no?

—¿Estás tonta? —se enfadó Vero—. A mí me va cantidad.

Lo dijo con ansiedad, con determinación. Espe se dio cuenta de ello. Miró con más atención al chico buscándole 15 esos pequeños detalles que ella no captaba pero Vero, al parecer, sí. Estudió su cabello, el perfil de su nariz, los labios sensuales, los brazos proporcionados… A veces el aspecto físico no lo era todo. Para ella, lo más importante era el interior, los sentimientos. Ser guapa le había ocasionado muchos 20 problemas. De entrada, todos los chicos que se sentían inferiores o no creían tener la menor oportunidad con ella, ni se le acercaban. Y muchos de los guaperas que sí lo hacían iban de eso, de guaperas, sobrados, y ella no los soportaba.

Le gustaron sus manos.

25 Podía enamorarse de alguien con solo verle las manos.

—Me encantaría conocerle —oyó decir a Vero.

—Pues venga, es tuyo —la animó Espe.

—Sí, mujer, ahora.

—Todos estamos en lo mismo, ¿no?

30 —¿Qué estará haciendo?

—Escribirle a la novia. Este tiene novia, seguro. ¿Qué edad le echas?

—Dieciocho o diecinueve.

—Yo digo diecinueve —apostó Espe.

35 —Yo, dieciocho —le aceptó el reto Vero. Y poniéndose en pie, agregó—: ¡Vamos a verlo!

---

4 **rebotar** *fig* golpear y saltar repetidamente (zurückschlagen) – 5 **malintencionado** con mala intención o tendencia – 8 **un tópico** lugar común, expresión trivial, estereotipo, cliché – 13 **la ansiedad** agitación, inquietud, angustia, deseo – 16 **un perfil** lado, figura, silueta – 17 **sensual** atractivo, sexy – 19 **ocasionar** causar, producir – 22 **un guaperas** *Esp despect coloq* guapo y coqueto – 23 **sobrado** atrevido, seguro, lascivo – 23 **soportar** aguantar, resistir – 35 **un reto** provocación, desafío – 36 **agregar** decir uc más, añadir

—¿Adónde vas?

No creía que lo hiciera. Cuando le dijo lo de «Pues venga, es tuyo», no había hecho más que jugar con malicia. Pero Vero no era de las que se amedrentaban. Tenía genio. A golpes. Antes de que pudiera evitarlo, ya caminaba en dirección a él.

Se quedó mirando la escena con los ojos muy abiertos.

## 34

Eugenio levantó la cabeza al notar movimiento y, para su sorpresa, vio a la chica delgada del cabello largo caminando hacia él, resuelta y firme. No había nadie más, y desde luego sus pasos eran decididos. Le pilló por completo de improviso. Por detrás observó que la del pelo corto parecía azorada.

La delgada se le plantó delante y se agachó. Quedaron frente a frente. Era atractiva, le recordó vagamente a una actriz llamada Lara Flynn Boyle, pero tenía demasiados huesos. Con un poco más de carne, quizás hubiera cambiado. Solo un poco. Sus ojos eran herméticos y los labios, finos, un sesgo apenas rojizo en mitad de su tez pálida.

Eugenio parpadeó un par de veces.

—Hola —se presentó Vero.

—Hola —dijo él.

—Mi amiga y yo hemos apostado sobre tu edad. ¿Quieres ayudarnos?

—Supongo que sí.

—¿Cuántos tienes?

—Dime lo que ha dicho cada una —sonrió él.

—Mi amiga ha dicho diecinueve. Yo, dieciocho.

—Ganas tú, aunque por poco. Cumplo diecinueve dentro de nada.

La chica delgada expandió una sonrisa de triunfo en su rostro.

—Lo importante es ganar —dijo—, aunque sea por poco.

---

3 **la malicia** maldad, mala intención – 4 **amedrentar** dar miedo, atemorizar –
10 **resuelto** decidido, determinado, seguro – 11 **de improviso** *loc* sin avisar, de repente –
12 **azorado** inquieto, sobresaltado, angustiado – 13 **agacharse** doblar el cuerpo hacia
la tierra (sich bücken) – 14 **vago** difuso, impreciso, indeterminado – 17 **un sesgo** curso,
dirección de un asunto – 18 **rojizo** con tendencia a rojo – 18 **una tez** piel, superficie de
la cara – 18 **pálido** blanco, descolorido – 22 **apostar** pactar, hablar con up o más que
quien se equivoque o no tenga razón perderá la cantidad de dinero que se determine
o cualquier otra cosa – 30 **un triunfo** éxito, victoria

—Ahora me toca a mí —se aventuró Eugenio—. Creo que las dos tenéis dieciocho.

—Mejor te dedicas a otra cosa —le palmeó el hombro—. Yo aún tengo diecisiete y ella ya ha cumplido los diecinueve.

5 El contacto fue casi electrizante para Vero.

—Pues soy futurólogo —puso cara de pena Eugenio—. Me dedico a escribir los horóscopos en una revista.

—¿Me vacilas?

—Sí —sonrió abiertamente.

10 —¿Qué escribes?

—Un poema.

—¿Eres poeta?

—No.

—No eres poeta pero escribes poemas.

15 —Compongo canciones.

Vero miró la libreta.

—¿Puedo leerlo?

La nueva mirada fue mucho más profunda y directa. Vero le hundió la suya en los ojos. Eugenio se liberó y los depositó

20 hacia un lado, en dirección a la chica del pelo corto, que seguía pendiente de ellos. Volvió a la delgada y se encontró de nuevo con aquella electricidad azul.

Era una chica que no le hacía sentir nada, y que sin embargo… le podía.

25 Tenía carácter.

—De acuerdo —se rindió.

Le entregó la libreta, con el poema recién escrito por delante. Vero la tomó con un destello de triunfo en las pupilas.

—¿Te importa que lo lea allí más despacio? —señaló a su

30 compañera.

—Solo este —la previno Eugenio.

—Palabra.

Eso fue todo. Una sonrisa mutua, y luego la chica delgada se levantó para volver con la otra.

35 Mientras caminaba de espaldas, Eugenio volvió a mirar a la del cabello corto.

3 **palmear** dar golpes con las palmas (parte interior) de las manos en señal de alegría o satisfacción – 8 **vacilar** engañar, tomar el pelo, burlarse o reírse de up – 28 **un destello** brillo, resplandor, chispa – 33 **mutuo** recíproco, respectivo, correspondiente

Espe vio acercarse a Vero con la libreta en las manos. La cara de la chica mostraba su victoria, ojos radiantes, labios curvados hacia arriba y apretados en señal de firmeza. Se sentó
5  de nuevo a su lado.

El chico apartó su mirada y fingió buscar algo en su bolsa.

—Tienes un morro… —dijo Espe.

—Dieciocho años, a punto de cumplir diecinueve. Y escribe poemas.

10  —¿Qué?

—Bueno, es compositor. Me ha dejado el que acaba de hacer.

—¡Eres la leche! —suspiró Espe.

—Vale, lo leeré yo sola —Vero fingió indiferencia.

15  —¡Y una mierda! —se pegó a ella.

Vero puso la libreta entre las dos y, en silencio, leyeron las cinco estrofas. La primera vez, demasiado rápido para comprender el alcance de muchos versos. La segunda, más despacio, para asimilarlos. La tercera, aún más despacio, para
20  saborearlos.

Vero se quedó sorprendida.

Espe, emocionada.

Las dos dirigieron una mirada más en dirección al chico, que seguía fingiendo no verlas, mirando al otro lado.

25  Toda su dimensión cambió.

—Es muy bueno, ¿no? —logró hablar la primera Vero.

—Un poco triste, como todos. No sé por qué siempre hablamos de amores rotos o fallidos —consideró Espe.

—A mí me gusta mucho.

30  —No, si a mí también. Sabe jugar con las palabras y las ideas.

—Y no es gay —afirmó Vero.

—¿También se lo has peguntado?

—No, pero aquí dice: «Aún llevo tu perfume perdido en mi
35  olfato». Y eso es masculino. La que lleva perfume es la chica.

---

3 **radiante** con mucha luz, brillante – 4 **curvado** curvo, con forma de curva – 7 **el morro** *Esp coloq fig* frescura, desvergüenza – 13 **ser up o uc la leche** *loc vulg* ser extraordinario, increíble, sensacional – 15 **¡y una mierda!** *interj vulg* para indicar negación – 15 **pegar** *fig* juntar, unir uc con otra – 18 **el alcance** consecuencias, trascendencia, importancia de uc – 20 **saborear** gustar, degustar, disfrutar

—Vale, Sherlock Holmes.

—¿Seguimos apostando?

—No te hacen falta excusas para volver. Has de devolverle la libreta —dijo Espe con ironía.

5 —Te apuesto lo que quieras a que se llama Daniel o Alejandro —Vero pasó de ella.

—Yo diría que algo más normal, como Jaime o Juan.

—¿Por qué no vas tú ahora?

—Ah, no. La idea es tuya.

10 —Entonces esperaré un poco —sonrió malévola—. Que sufra. Se estará preguntando qué nos ha parecido su poema, y eso es bueno. Minará su moral, torpedeará su resistencia. Es como lo del síndrome de Estocolmo en plan artista-que-espera-un-veredicto —lo dijo remarcando cada palabra—.

15 Cuando le diga que es buenísimo beberá en la palma de mi mano.

Espe la miró impresionada.

—¿Seguro que no tienes novio?

—Todo es teoría —suspiró Vero dejando caer la cabeza sobre

20 el pecho—. En la práctica… ¿Pero a que queda bien?

—Total.

—Tampoco es que me interese un novio —reconoció Vero—. Algo informal y pasarlo bien, sí. Pero un novio… Quiero triunfar, y tener pareja no es lo más adecuado.

25 —Todo es compatible. Difícil, pero compatible.

—Tal vez, sobre todo si se trata de alguien como él —señaló al chico de la poesía—. Parece perfecto.

—Nadie es perfecto.

—¿De veras no te gusta? —insistió Vero.

30 —Claro que sí, y más después de leer esto; es solo que así… en frío…

—Es muy agradable. Y tiene una voz muy bonita, y unos ojos…

---

1 **Sherlock Holmes** personaje de ficción creado por Arthur Conan Doyle que representa a un detective muy inteligente y observador que utiliza con éxito el método deductivo – 10 **malévolo** malintencionado, malicioso, malvado – 12 **minar** consumir, destruir poco a poco – 12 **torpedear** hacer fracasar un asunto o un proyecto – 13 **el síndrome de Estocolmo** reacción psíquica en up hecha prisionera o encerrada contra su propia voluntad que desarrolla una relación de complicidad con quien la ha quitado su libertad – 14 **un veredicto** juicio, parecer – 14 **remarcar** acentuar, destacar, resaltar – 16 **beber up en la palma de la mano de otra** *expresión* para señalar que up hace lo que la otra quiere, que la tiene bajo su voluntad

Dejó de hablar de repente, al doblarse hacia adelante. Los dedos se crisparon sobre la libreta y en su cara surgió un rictus de dolor. La punzada en la tripa fue tan aguda o más que la anterior. Apenas podía respirar. Espe le pasó una mano por encima de los hombros.

—¿Qué te pasa?

No pudo hablar.

—¿Estás bien? —se asustó Espe.

Vero asintió con la cabeza, pero continuó igual. La punzada se abría paso igual que un taladro en sentido descendente.

—Tranquila… —le susurró Espe.

Lo estaba. Tenía que estarlo. La maldita regla, o lo que fuese aquello, no le iba a fastidiar la prueba. Llevó un primer soplo de aire a los pulmones. Y luego otro. Con el tercero se sintió un poco mejor. El dolor empezó a menguar.

—¿Quieres la compresa? —preguntó Espe.

—No… —suspiró más aliviada al notar cómo el dolor desaparecía—. No parece… Es decir, no sé…

—Son nervios —comentó Espe.

Pero al pasarle el brazo por encima de los hombros podía notar cada uno de sus huesos, aquella delgadez extrema, los picos endurecidos. Y al reparar en sus manos o en su rostro, de pronto, se daba cuenta de la ausencia de carne, la quijada marcada, el cuello de cisne, los nudillos envejecidos.

—¿Qué… hace? —preguntó Vero.

Espe le dirigió un vistazo así como de pasada.

—Nos mira —susurró.

—Mierda… —gimió Vero alzando la cabeza para no ceder ante el dolor, que de todas formas ya remitía, como la vez anterior.

---

2 **crispar** causar contracción repentina y temporal en los músculos – 3 **agudo** intenso, vivo, grave – 10 **un taladro** Bohrer – 10 **un sentido** dirección – 10 **descendente** que desciende, baja – 13 **un soplo** exhalación, aire – 22 **un pico** punta, extremo – 23 **una quijada** mandíbula (Kiefer) – 26 **de pasada** superficial, rápidamente – 28 **ceder** rendirse, entregarse, darse por vencido, dejar de luchar – 29 **remitir** perder parte de su intensidad

## 36

Eugenio miraba a la chica del cabello corto. La otra, la que le había pedido la libreta, parecía estar carcajeándose, doblada sobre sí misma, haciendo esfuerzos para no estallar. Se sintió
5 incómodo. No tenía que haberle dejado leer su última creación. No era nada del otro mundo, una simple idea puesta en solfa. Tenía letras mejores, poemas más intensos, en la misma libreta. ¿Por qué la gente se reía siempre de los sentimientos de los demás?

10 Pensó en levantarse e ir a por él.

Decidió que no, que eran ellas las que debían mover el trasero, no él.

¿Serían capaces de estar jugando en un momento como aquel, antes de una prueba tan decisiva e importante? ¿Era
15 eso? ¿Dos niñas ligonas?

Se levantó porque sin la libreta ya no sabía qué más hacer, y lo de fingir que buscaba algo en la bolsa… Después de todo, unos estiramientos, unas flexiones, no le vendrían mal. En cuanto salieran los responsables del casting, todo iría a cien
20 por hora, y si le tocaba en suerte, o en mala suerte, ser el primero…

Ya era la hora.

El casting tenía que empezar.

Pero no vio ninguna actividad en los pasillos que
25 comunicaban aquella gran sala rectangular con el escenario. Los mandamases llegaban tarde. ¿Qué les importaban a ellos sus nervios, o que tuvieran prisa, o que…? Solían decir que si un aspirante tiene nervios es que no es un buen profesional.

¡Y hasta los profesionales confesaban tener nervios!
30 Eugenio los contó. Un total de veintisiete. Diecisiete chicas y diez chicos. Si la prueba era total, que lo sería, cada uno tendría que cantar, bailar y actuar. Eso representaba en torno a los diez minutos por cabeza. Es decir, más de cuatro horas de casting. El último podía estar ya muerto.

35 —No, no van a darnos diez minutos por cabeza —musitó—. Es imposible.

---

3 **carcajearse** reír a carcajadas – 6 **poner uc en solfa** *loc coloq* presentarla bajo un aspecto ridículo o dudar de ella; **estar uc en solfa** *loc coloq* estar escrita o explicada de manera inteligible, comprensible – 15 **un ligón** *Esp* up a quien le gusta ligar, flirtear – 20 **a x kms. por hora** *fig* muy rápido – 26 **un mandamás** *iron coloq* up que realiza una función de mando, un jefe importante – 29 **confesar** admitir, reconocer, aceptar

¿Y qué podía mostrarse en cinco minutos?

Se cogió un pie por detrás con la mano correspondiente y tiró hacia arriba tres veces. Hizo lo mismo con el otro y la otra mano. Les dio la espalda a las dos chicas y continuó. Le tocó el turno
5 a la cabeza. La hizo girar primero en el sentido de las agujas del reloj y luego en el opuesto. De refilón lanzó una mirada más hacia ellas. La delgada seguía doblada sobre sí misma.

## 37

No, no remitía. De pronto, el dolor reapareció aún más
10 fuerte. La nueva punzada le quemó el vientre y se expandió en forma de sucesivas olas por toda su anatomía. Sintió el agarrotamiento del estómago, el temblor en las articulaciones, la opresión en el pecho, el leve sudor perlando su frente. Estaba fría. El calor acababa de huir de su cuerpo.
15 —¿Qué quieres que haga? —se alarmó Espe.

—Nada —logró farfullar.

—Tranquila, son los nervios. La comida te habrá sentado mal.

Vero no respondió. ¿La comida? ¿Qué comida? Aquello no
20 tenía nada que ver con la comida. Aunque sí tenían que ser nervios. Solo eso. ¿Qué otra cosa?

Pensó en la última discusión con su madre, la bofetada, el enfado.

Tal vez la reacción fuese por dentro. Lo estaba somatizando
25 todo. Nada por fuera, todo en su interior.

—Mierda… —jadeó.

—¿Quieres la compresa? —volvió a preguntarle Espe.

—No, no noto… Pero debería ir al servicio, así que mejor sí, dámela, por si acaso.
30 —¿Te acompaño? —Espe buscó en su bolsa.

Vero logró levantar la cabeza y mirarla. Apoyó la mejilla sobre las rodillas para esconder su imagen al chico de enfrente. Debía de estar cerúlea, espantosa.

---

12 **un temblor** agitación, convulsión – 12 **una articulación** unión de un hueso u órgano esquelético con otro – 13 **la opresión** presión, angustia, agobio – 13 **perlar** *poético* cubrir uc de gotas de agua, lágrimas, *etc* – 24 **somatizar** transformar problemas psíquicos en síntomas orgánicos de manera involuntaria – 29 **por si acaso** *loc* por si ocurre o llega a ocurrir algo, por precaución, por previsión – 33 **cerúleo** del color azul propio del cielo sin nubes o despejado

—¿Crees que somos señoras casadas y todo ese rollo? —bromeó.

—No, pero pareces estar mal.

—¡Venga ya!

5 Continuó quieta. La punzada volvía a menguar, el dolor se iba. Necesitaba un minuto, y después lavarse la cara, relajarse. A lo peor tenía los nervios en el estómago, y eso sí era malo. Lo había oído decir. Espe le puso en la mano una compresa de las extraplanas.

10 —¿Qué hace? —quiso saber.

—Farda.

—¿Cómo que farda? —le miró de soslayo.

—Hace ver que se está poniendo a tono —dijo Espe.

—Mujer, se está calentando. Ya debe de ser la hora.

15 —Pasan cinco minutos —asintió Espe.

—Anda que como me toque la primera…

El dolor desaparecía, desaparecía, desaparecía… Por si acaso, no esperó más. Si volvía la punzada, que fuera en el lavabo. Hizo un esfuerzo y se puso en pie. Sola. Se estiró, ocultando la 20 compresa en la palma de su mano, y se sintió mejor.

—Ahora vuelvo —le dijo a su compañera.

—Vale.

Vero comenzó a andar.


## 38

25 Espe la vio caminar, insegura, frágil, súbitamente vulnerable, en dirección a los pasillos que comunicaban con el escenario del teatro. Los lavabos estaban allí. Habían pasado por ellos la otra vez. Fue una larga senda que Vero coronó con éxito. Cuando desapareció de su vista, se sintió mejor.

30 —Estás mal, colega —le dijo al aire.

La ausencia de Vero se hizo mayor cuando reparó en que el chico del poema la estaba mirando. No supo qué hacer. Su carácter, su determinación, su fuerza interior se desvanecieron de un plumazo. Probablemente Vero tuviera razón: estaba más

---

9 **extraplano** más plano, delgado o fino de lo normal – 15 **asentir** afirmar, admitir – 25 **súbito** repentino, de repente, inesperado – 25 **vulnerable** débil, indefenso, delicado – 28 **una senda** camino estrecho, sendero – 28 **coronar** llegar al punto más alto de uc, ponerse en la parte superior – 30 **al aire** *loc* de pasada, sin fijeza, sin gravedad – 34 **de un plumazo** *loc* modo enérgico, decidido y rápido de terminar con uc

que bien. ¿Por eso se sentía extraña? ¿Por eso y porque tenía aquella libreta entre las manos, con un pedacito de su alma a la vista? Bueno, había sido Vero la que, con toda la jeta, se le había acercado.

5 Pero ahora Vero no estaba.

Y ellos dos sí.

Frente a frente, disimulando. O no.

Casi sin proponérselo, Espe volvió a leer el poema, mucho más despacio que antes, comprendiendo aún mejor cada
10 línea, cada sutileza, cada curiosa forma de hablar de un amor perdido. Se sintió atrapada por algunas frases: «Romperé esa foto que nunca nos hicimos», «Cambiaré el mando a distancia de mi vida», «Voy a pedir que borren la suscripción de tu amor», «Voy a leer la última carta que no me enviaste», «Pediré
15 una exención en mi trabajo de ser»… Allí había muchas cosas ocultas, un verdadero talento. Quien era capaz de manejar las palabras con aquella elegancia tenía un fondo, una esencia, un corazón.

Le gustaba mucho, incluso la letra.

20 Justo al levantar la cabeza, se quedó sin aliento porque el chico caminaba hacia ella.


## 39

La ausencia de la chica delgada le facilitaba las cosas. Regresaría enseguida, así que… Lo único que quería era
25 recuperar la libreta. La mejor de las excusas. Y si no era una excusa… ¡al diablo! Todos estaban allí por lo mismo. ¿Qué tenía de raro que hablasen dos de los seleccionados para el casting definitivo?

La chica le miró cuando estaba a un par de pasos de ella.
30 Volvía a leer el poema y, de pronto, levantó la cabeza. Su corazón empezó a latir con más fuerza y se imaginó a sí mismo pálido y con cara de susto. La imagen del idiota tímido. Solo le faltaba tartamudear.

Eugenio se detuvo frente a la belleza del pelo corto.
35 Ella no habló.

---

3 **una jeta** *coloq* desvergüenza, cara, frescura – 7 **frente a frente** *loc* enfrente, cara a cara – 8 **proponerse** tener un plan, ponerse un objetivo – 10 **la sutileza** delicadeza, agudeza, gracia – 20 **el aliento** vida, espíritu, alma – 31 **latir** dar latidos el corazón, palpitar – 33 **tartamudear** hablar con pronunciación irregular, entrecortada y repitiendo las sílabas

Así que lo hizo él.

—¿Ya lo has leído?

—Sí.

Alargó la mano para recuperar la libreta y la chica se la
5 entregó sin más. Seguían mirándose directamente a los ojos.

—Es muy bueno —dijo ella.

—Gracias.

—Me ha dicho mi amiga que escribes canciones.

—Sí.

10 —¿Tocas en algún grupo?

—Tengo un grupo, aunque no es muy bueno.

—¿Así que eres el líder?

—Bueno… —hizo un gesto vago.

—¿Tienes más? —la chica señaló la libreta.

15 —Aquí no —mintió Eugenio.

—¿Y las que tienes son como esa?

—Hay de todo, ¿por qué?

—Porque esa canción es triste.

—Es lo que me ha salido.

20 —¿La has escrito ahora?

—Mientras esperaba, sí.

—Así que estás triste.

—No —sonrió él al ver que ella también lo hacía—. Puedo
escribir exactamente lo mismo pero al revés.

25 —¿En serio?

—Sí.

Seguían igual que al principio, ella sentada, mirando hacia
arriba, y él de pie, asomándose a su universo desde las alturas.

—¿Cómo te llamas? —preguntó.

30 —Esperanza, aunque todos me llaman Espe. Y mi compañera
es Vero.

—Yo soy Eugenio.

Se estrecharon la mano, y ese contacto desarticuló sus
últimas prevenciones, los nervios de uno y la perplejidad de la
35 otra. Aun así, Eugenio no supo qué más hacer hasta que ella se
lo dijo:

—Siéntate, hombre.

Y se sentó a su lado, en el suelo, rozando a la chica por
primera vez.

---

33 **estrechar** apretar a up con la mano como muestra de afecto o cariño – 34 **la
prevención** prevenir, prepararse para evitar un posible peligro – 34 **la perplejidad**
confusión, duda, irresolución sobre lo que se debe hacer – 35 **aun** incluso

**40**

Apoyada con la espalda en la pared del sucio baño, sentada en el oscuro y frío retrete, sin papel higiénico y con los ojos cerrados, Vero se sentía la imagen del máximo desconsuelo.

5 Tenía una prueba en unos minutos, o tal vez más, qué más daba, y allí estaba, descuajaringada, como diría un chistoso. El dolor ya casi había desaparecido, pero la angustia, el tormento y la ansiedad que la envolvían formaban un omnipresente muro amenazador. La sensación no era ni mucho menos

10 agradable. La dichosa punzada podía reaparecer en cualquier momento.

Y odiaba el dolor.

No estaba preparada para él.

Respiró con normalidad. Llegar hasta allí había representado

15 mucho. Levantarse y regresar debía reafirmar su valor. Se dijo que no pasaba nada.

—No pasa nada. No pasa nada. Venga, tú puedes. No pasa nada.

Pero sí pasaba.

20 Aquello no era normal.

Si eran nervios… aún existiría una lógica. De lo contrario… ¿Qué?

Llenó los pulmones de aire una vez, dos, tres. Lo aspiraba por la nariz, en una larga y gran bocanada, inundándose de

25 él, y lo expiraba despacio, por la boca, relajando los músculos al mismo tiempo. Claro que el aire allí dentro estaba muy enrarecido. Olía a cerrado, a orines y excrementos viejos. Pero no tenía otra cosa. Siguió aspirando y expirando.

—Ya —se animó.

30 Ni rastro del maldito período. Solo cuatro gotitas de orina. Miró la compresa y decidió que mejor se la ponía, por si acaso.

Después se levantó y se subió las bragas y los pantalones.

Salió del pequeño espacio destinado al inodoro y llegó al lavabo. Un espejo en tan lamentable estado como el resto le

35 devolvió la peor de las imágenes. Sabía que debía tener mala

---

3 **un retrete** váter, servicio, aseo – 6 **descuajaringarse** *coloq* relajadas las partes del cuerpo por efecto del enorme cansancio – 6 **un chistoso** bromista, gracioso, up a quien le gusta hacer chistes – 14 **representar** ser importante, significar – 15 **reafirmar** confirmar, apoyar, afirmar de nuevo – 27 **enrarecer** volver el aire de un lugar irrespirable, contaminarlo – 27 **el orín** *pl* orina, pis (Urin) – 33 **un inodoro** taza del baño, váter, retrete – 34 **un lavabo** lugar normalmente con grifo donde uno se lava sobre todo la cara, las manos y los dientes

cara, pero aquello… Pensó en el chico. ¿Cómo iba a mirarla? ¿Y si la miraba…?

—Joder —suspiró agotada y de muy mala uva.

Abrió el grifo, colocó las dos manos debajo del agua y se frotó el rostro. Dejó que las gotas le cayeran por la barbilla y volvió a mirarse. Tenía ojeras. Le habían salido de golpe, estaba segura. Por la noche cenaría, aunque engordara dos kilos al día siguiente. Por la noche todo habría pasado. Claro que dos kilos… Si la aceptaban y tenía que empezar ya a ensayar o a hacer cualquier cosa…

Seguro que Espe comía lo que le daba la gana y como si nada.

Se pasó los antebrazos por la cara para secarse la humedad, y se frotó las manos con la parte posterior de los pantalones. Tanto daba. Dejó transcurrir unos segundos más para tranquilizarse del todo y decidió que ya podía volver a enfrentarse al mundo. Su paso tuvo más viveza.

El dolor ya no era más que un recuerdo.

Salió del baño, caminó por el pasillo, llegó a la zona donde esperaban todos los candidatos y las candidatas y miró en dirección al rincón que ocupaban ella y Espe.

La vio con el chico del poema, hablando animadamente, sonriéndole encantadora. Y él a ella.

No habían perdido el tiempo.

Y regresó junto a ellos sintiéndose herida, furiosa.

**41**

Espe se dio cuenta del regreso de Vero cuando su compañera se encontraba a menos de cinco metros de ellos. La miró expectante.

—¿Cómo te encuentras?

—Mejor —Vero se quedó de pie—. ¿Molesto?

Espe parpadeó sorprendida sin entender la pregunta, aunque lo tomó por el lado irónico.

—No seas boba.

---

3 **joder** *interj vulg* expresa enfado, irritación, asombro, *etc* – 3 **la mala uva** *Esp coloq* mal humor o mala intención – 13 **un antebrazo** parte inferior del brazo, desde el codo hasta la muñeca (donde se aticula el brazo con la mano) – 15 **tanto da** ser igual, indiferente, lo mismo – 15 **transcurrir** pasar – 17 **la viveza** energía, rapidez, vivacidad – 29 **expectante** que espera observando con atención, interesado

La recién llegada se arrodilló formando un triángulo con ambos. Miró al elemento masculino con inquisidora intención.

—Soy Eugenio —se presentó él—. Y ya sé que tú te llamas Vero.

Se dieron dos besos en las mejillas. Fue ella la que lo provocó, acercando su rostro al suyo. Necesitaba un contacto, un acto calculadamente directo, una especie de simbolismo de propiedad. Al separarse se sintió idiota, pero más tranquila.

—No está mal —señaló la libreta que Eugenio sostenía entre sus manos.

—Dice tu amiga —Eugenio movió la cabeza hacia Espe— que es triste.

—Oh, es que Espe es muy positiva —forzó su primera sonrisa Vero.

—Me estaba diciendo que puede volver a escribirlo dándole la vuelta —comentó Espe—. En lugar de ser amargo, por el fin de un amor roto, convertirlo en feliz por un amor que llega.

—¿Así de fácil?

—No lo es tanto —calculó Eugenio.

Vero penetró en sus ojos. De cerca y sonriendo aún era más guapo. O, al menos, así se lo parecía a ella. Tuvo que dejar de hacerlo porque se dio cuenta de que, más que una mirada, aquello era una violación visual. La rabia por verlos juntos aún latía entre su instinto y su furia.

Sobre todo su instinto, que nunca solía fallarle.

—Apuesto algo a que bailas de coña, cantas bien, y encima en un escenario te olvidas de la timidez y sacas el genio que llevas dentro —dijo con deliberada calma.

—¿Estudias psicología? —frunció el ceño Eugenio.

—Dilo.

—No sé —se encogió de hombros y miró a Espe.

—Es una fiera —lo tranquilizó ella.

—Una fiera peligrosa —lo amplió Vero.

—Yo creo que todos los que estamos hoy aquí somos buenos; de lo contrario, no nos habían seleccionado para la segunda prueba —opinó Eugenio.

---

1 **arrodillarse** ponerse sobre las rodillas (knien) – 2 **inquisidor** examinador, que busca saber la verdad – 3 **una intención** objetivo, meta, finalidad – 10 **sostener** mantener firme, sujetar – 24 **una violación** violar, obligar a up a tener sexo contra su voluntad – 29 **deliberado** intencionado, voluntario – 33 **ser up una fiera** loc coloq up que hace muy bien uc, que tiene aptitudes notables y demostradas

—Estoy de acuerdo con él —dijo Espe—. Y además, vamos a pasar los tres, y trabajaremos juntos, y acabaremos odiándonos de tanto vernos las caras.

—Ella será psicóloga, pero tú debes de ser pitonisa —sonrió Eugenio.

Y la miró larga, generosamente, hasta que bajó los ojos al suelo y se aferró a su libreta como si temiera caer.

Vero seguía mirándole a él.

—Desde luego, los mejores sí que debemos ser —suspiró Espe—. Todos están practicando algo menos nosotros.

## 42

Miraron hacia el resto de los convocados. Espe tenía razón. Unos practicaban pasos de baile, otros hacían gimnasia para entrar en calor y hasta había una chica que, en un ángulo, recitaba algo en voz baja. El que más y el que menos era bueno en algo, pero flojo en otra cosa.

Ahora todos estaban nerviosos por la hora.

—Se están pasando, ¿no? —protestó Vero.

—Son capaces de darnos menos de cinco minutos a cada uno —la secundó Espe.

—No pueden —dijo Eugenio—. En cinco minutos es imposible que…

—¿A cuántos castings has ido tú, cariño? —bromeó Vero.

—Es el primero —reconoció él—. Bueno, el segundo contando el del otro día.

—¿En serio?

—Sí.

—¿Has oído eso? —alzó las cejas y miró a Espe—. ¡Un novato!

—Entonces seguro que lo cogen. ¡La suerte de los principiantes! —exclamó su amiga.

—¿Cuántos lleváis vosotras?

—A ver… —Vero hizo ver que contaba mentalmente—. Tres, cinco… siete… no, nueve, sí, nueve millones tropecientos mil…

---

4 **una pitonisa** adivinadora, adivina, que adivina – 7 **aferrar** agarrar, coger, sujetar con fuerza – 16 **flojo** de poca calidad, pobre; con poca fuerza – 20 **secundar** apoyar, ayudar – 28 **una ceja** pelo encima de los ojos – 29 **un novato** nuevo, principiante o sin experiencia en cualquier tema o materia – 31 **un principiante** up que empieza – 31 **exclamar** proclamar, decir con vehemencia

—Llevamos algunos —torció el gesto Espe.

—¿Como este? —quiso saber Eugenio.

—No, como este no. Eran para una sola cosa: o actuar o bailar…, pero no para todo.

5 —¿Son siempre igual? Mi única experiencia fue la del otro día.

—Los peores son los de modelos para publicidad, en prensa o televisión —Espe echó la cabeza atrás y se pasó una mano por el cabello—. Ahí sí que se va a saco.

10 —Yo nunca he ido a uno de mises —el tono de Vero fue seco.

—No son de mises, mujer —se defendió Espe con inocencia—. A veces te quieren para anunciar zapatos y piden que tengas los pies bonitos, y otras es para peinados y les importa un pito si tienes las caderas anchas.

15 —¿Y cuando es para anunciar bikinis? —preguntó Eugenio.

—Entonces tienes que enseñar el producto, amigo —espetó Vero.

—Qué bruta eres —movió la cabeza Espe.

—Venga, cuéntanos de qué va tu rollo —Vero le dio un suave
20 codazo a Eugenio.

—No hay mucho que contar.

—¿Compones canciones y no hay mucho que contar? ¡Venga ya, tío, enróllate! Después te contaremos nosotras nuestra triste vida, pero yo he preguntado primero. ¿Para quién compones
25 canciones?

—Para mí y para mi grupo.

—Vamos mejorando. Tienes un grupo. ¿De qué?

—De música.

—Oye, ¿me vacilas o qué? —se puso a reír Vero—. ¡Ya sé que
30 es de música! Pero qué clase de música hacéis.

—Pop, rock, un poco de techno, algo de folk…

—Sí, hombre, y clásica.

—Es que no me gustan las etiquetas —reconoció Eugenio.

—Oye, no lo atosigues —le defendió Espe.

35 Vero le dirigió una mirada directa. De pronto le pareció más guapa que nunca, y ella tenía en la cabeza su propia imagen,

---

9 **a saco** *loc coloq* a lo bestia, a lo bruto, salvajemente – 10 **una miss** ganadora de un concurso de belleza – 14 **un pito** *loc coloq* muy poco o nada – 14 **una cadera** Hüfte – 18 **bruto** vulgar, bestia, bárbaro – 19 **un rollo** *Esp coloq* asunto, negocio, tema – 20 **un codazo** gople con el codo – 23 **enrollarse** *coloq* ser sociable, entusiasmarse, extender con un tema – 33 **una etiqueta** *fig* calificación identificadora de up en cuanto a su carácter, profesión, ideología, *etc* que supuestamente marca o define lo que es o hace – 34 **atosigar** inquietar, causar agobio con exigencias o preocupaciones

la que acababa de devolverle el desvencijado espejo del baño. Se acabó de sentir como ese espejo y ese baño. Una mierda. Si hubiese ido sola, ahora tal vez también estaría sola con él. Dos eran compañía; tres, multitud.

5 La voz de Eugenio la rescató de aquel breve lapso de tiempo en el que anduvo perdida por el marasmo de sus sentimientos.

—En el fondo lo que prefiero es actuar, en todos los sentidos. Por eso me presenté al casting al oír hablar de él. Me gusta esa clase de artista completo que domina todas las artes. Te obliga
10 al cien por cien.

—Pero no tienes experiencia —puntualizó Espe.

—Profesional no, claro, salvo como músico.

—¿Tocas en directo?

—Sí, a veces. La cosa está chunga para los que aún no tienen
15 un disco.

—¿Cuándo podemos verte? —volvió a hablar Vero.

—El sábado tenemos un bolo.

—¿Este sábado? —se animó Espe.

—¿Podemos ir? —la secundó Vero.
20 —Claro.

—¡Bien, celebraremos nuestro éxito! —aplaudió Vero.

—¡Anda ya! —la empujó Espe.

Casi se cayó de lado, igual que una pluma a la que una brisa hubiera hecho perder la vertical. Fue un extraño efecto.
25 Se recuperó al instante, pero dejando en su gesto una etérea sensación de ingravidez.

—Hoy es nuestro día, tía —Vero le dirigió una de sus implacables miradas—. Vamos a por todas, y lo conseguiremos. Si entramos ahí con dudas… se acabó —señaló en dirección
30 al escenario del teatro—. O estamos seguras o mejor nos marchamos ya a casa. ¿Crees que toda esa panda tiene lo que tenemos nosotros tres?

Se enfrentaron a sus ojos duros, como piedras. Ojos cargados de intención, de fuerza, pero también de desesperación.
35 —Lo conseguiremos —aceptó Espe.

---

1 **desvencijar** desunir, aflojar las partes de uc que estaban y debían estar unidas – 5 **un lapso** periodo, intervalo – 6 **un marasmo** inmovilidad paralización en lo moral y físico – 11 **puntualizar** precisar con el fin de aclarar, completar o corregir – 14 **chungo** *Esp coloq* difícil, complicado; de mal aspecto, en mal estado, de mala calidad – 17 **un bolo** actuación de un artista, músico o compañía teatral – 22 **anda** *Esp coloq* ¡venga! – 23 **una pluma** Vogelfeder – 25 **etéreo** *poético* vago, sutil, irreal – 26 **la ingravidez** cualidad de ingrávido, ligero, leve, etéreo – 28 **implacable** inflexible, severo; que no se puede aplacar, suavizar – 31 **una panda** pandilla, grupo de amigos

—Por mí… —Eugenio alzó las manos con las palmas hacia arriba en señal de inocencia, y expandió una amable sonrisa en su rostro.

Ahora sí se echaron a reír, los tres.

5 Todavía estaban en ello cuando, por el acceso a los pasillos, apareció por fin uno de los responsables de la convocatoria, un tipo alto y enjuto más con cara de asesino que de miembro de algo relacionado con el mundo del espectáculo. Era el mismo de la otra vez, un simple coordinador que se encargaba de
10 darles un número, llamarlos cuando tocaba y hacer que uno a uno pasaran sin descanso al escenario, donde los "jefes", sentados en el patio de butacas, examinaban con ojo crítico a los candidatos y candidatas.

—¡Atención! —dio un par de palmadas—. ¡Atención! ¿Queréis
15 acercaros todos, por favor?

Los tres se levantaron sumándose al resto.

## 43

Formaron un círculo más o menos compacto en torno suyo. No les miró con simpatía ni los trató con mayor
20 deferencia que un policía frente a un grupo de manifestantes antiglobalización. Probablemente había hecho aquello tantas veces que para él ellos no eran más que una panda de pirados persiguiendo un sueño. El caldero del arco iris, donde, según la leyenda, nacen los siete rayos de colores que surcan el cielo
25 después de una lluvia.

Eran mercancía, y había mucha por todas partes. Siempre que se convocase un casting, cien o doscientos soñadores aparecerían con la esperanza de que su vida cambiase de la noche a la mañana.

30 —Bueno, veréis —comenzó a decir, mitad cansado, mitad robotizado—. Ha habido un problema y esto se nos va a ir un poco de las manos, o sea, que va para largo.

---

7 **enjuto** muy delgado, seco o de pocas carnes – 12 **un patio de butacas** planta baja que ocupan en los teatros las butacas – 14 **una palmada** *pl* ruido que se hace golpeando una con otra las palmas de la mano – 19 **en torno** alrededor – 20 **la deferencia** amabilidad que muestra respeto o cortesía – 23 **un caldero** olla, cazuela – 23 **un arco iris** Regenbogen – 24 **un rayo** línea de luz – 24 **surcar** marcar o formar rayas uc; ir por aire o agua rompiéndolo o cortándolo – 26 **una mercancía** *fig* producto que se puede comprar o vender – 32 **irse uc a up de las manos** *loc coloq* perder el control

Hubo un pequeño murmullo que no llegó a más. Pudo ser de desaprobación o de nervios rotos que caían por el suelo.

—Tomadlo con calma —dijo el hombre alzando de nuevo la voz—. Nadie tiene la culpa, pero las cosas son así. Al señor
5 Recasens le ha surgido una complicación y tardará más o menos una hora en llegar. Puede que incluso menos —lo quiso dejar claro para que no se desmandaran mucho—. Creedme que lo siente, me ha dicho que os lo transmita así. Lo malo es que no puede hacer esto mañana ni pasado ni el otro, porque
10 sale de viaje. Así que… Si alguno no puede esperar, por lo que sea, será una lastima para él, pero no se puede hacer otra cosa. Vamos a terminar un poco tarde y ahora ya lo sabéis.

Alguien alzó una mano.

—¿Sí? —se dirigió a él el hombre.
15 —¿Cuánto tendremos individualmente, teniendo en cuenta que hemos de cantar, bailar y actuar?

Era la pregunta que se había hecho Eugenio, que se hacían la mayoría.

—El suficiente —el hombre echó la pelota fuera—. Tendréis
20 el suficiente, no os preocupéis. Si estás aquí es porque pasasteis la selección del otro día, así que todos, repito, todos tenéis posibilidades.

—¿No puede decirnos para qué es el casting? —se escuchó otra voz, en esta ocasión de una chica.
25 —No, no puedo.

—¿Ni a cuántos quieren? —le tocó el turno a una chica más.

—No, y no voy a contestar más preguntas, ¿de acuerdo? Venga, tranquilidad —hizo ademán de retirarse—. Calma y buenos alimentos.
30 —¿Es que vais a darnos de merendar? —gritó Vero.

El hombre se detuvo y volvió la cabeza.

—¡Qué valor tienes! —musitó en voz muy baja Espe.

—¡Muy graciosa! —cantó la voz llena de pasotismo del coordinador.

---

1 **un murmullo** ruido confuso que se hace hablando, especialmente en grupo y cuando no se percibe lo que se dice – 7 **desmandarse** desordenarse, apartarse de la compañía con que se va; actuar sin control – 16 **actuar** interpretar un papel teatral o cinematográfico; lo que hace un actor – 19 **suficiente** bastante; justo, apropiado – 19 **echar la pelota fuera** *fig* no entrar en el juego; no hacerse responsable – 29 **tomar uc con calma y buenos alimentos** *frase popular* para indicar que hay que tener paciencia, no estresarse, no desesperar; *en alemán* se diría "esperar y beber té" – 30 **merendar** tomar la merienda (comida ligera que se hace normalmente por la tarde) – 32 **el valor** atrevimiento, valentía – 33 **el pasotismo** *Esp coloq* actitud propia del pasota (up indiferente, que "pasa")

Y acabó de desaparecer.

Se quedaron solos, los veintisiete, y desconcertados.

—¡Siempre igual!

—¡No somos más que…!

5 Eran los coletazos del nerviosismo. Sabían que todo resultaba inútil, pero tenían que exteriorizar lo que sentían. La cuenta atrás volvía a empezar, y con la incógnita de saber si Xavier Recasens iba a tardar una hora, o dos, o…

A los seleccionados se les pasaría de golpe. Entonces, 10 Recasens y todos los demás serían unos santos. Para el resto…

—Yo no me quedo aquí una hora —alegó Vero con los brazos cruzados a la altura del pecho.

—¿Adonde quieres ir? —preguntó Espe.

—No sé, afuera. Habrá algún bar por aquí, digo yo.

15 Regresaron a por sus cosas. Eugenio se apartó de ellas porque las suyas seguían donde había estado sentado al principio. Vero no le dio opción a nada.

—Te vienes, ¿no?

Más que una pregunta, fue una orden.

20 **44**

Cargando cada cual con su respectiva bolsa, salieron del teatro y miraron a derecha e izquierda de la calle. A lo lejos, por la derecha, vieron el rótulo de un bar con el anuncio de una marca de refrescos como reclamo. No eran los primeros 25 en haber tomado aquella determinación. Otros tres de los aspirantes al casting caminaban ya con paso cansino hacia allí, con su mal humor a cuestas. Y los seguirían otros.

De común acuerdo y sin decir nada, enfilaron su objetivo.

Vero iba en el centro, con Eugenio a su derecha y Espe a su 30 izquierda. No había sido premeditado, mera casualidad, pero se alegró de estar donde estaba. Echó un vistazo a los dos. Eugenio caminaba con la vista perdida en el suelo, en algún

---

2 **desconcertado** confuso, perplejo – 5 **un coletazo** última manifestación de una actividad próxima a desaparecer – 7 **una incógnita** enigma, misterio, no conocido – 11 **alegar** mencionar pruebas, razones, *etc* para explicar o justificar uc – 17 **una opción** elección, alternativa, capacidad de elegir – 21 **respectivo** de cada uno, en relación o respecto a cada uno, correspondiente – 23 **un rótulo** cartel, anuncio donde hay un escrito – 26 **cansino** desganado, cansado, lento, perezoso – 27 **a cuestas** *loc* encima, sobre sí; bajo el propio cuidado – 28 **común** colectivo, general – 30 **premeditado** con intención, pensado antes – 30 **mero** puro, simple

punto indeterminado frente a sus pasos, ligeramente doblado sobre sí mismo. Espe caminaba erguida, signo inequívoco de distinción, tablas de modelo. Brillaba como una diosa recién salida de la ducha. Recordó la conversación del autobús, cuando hablaron de sus padres. Ella lo tenía todo, hasta padre. Deseó odiarla.

Y tan repentinamente como había tenido ese flash mental, comprendió que era un sentimiento absurdo, falto de lógica. Belleza aparte, reconocía que era una buena tía. Una amiga con la que le sería fácil entenderse si la trataba a menudo.

En cuanto a Eugenio…

No sabía qué pensar. Le gustaba, pero la misma ansiedad de su fijación…

Ya no le dolía el vientre. Eso era lo más importante. Si se encontraba bien haría una buena prueba, se superaría. Aquella desazón interior, la furia, la rabia, los nervios… Todo pasaría.

Se sintió optimista.

Eugenio parecía tan buen tío…

Espe miró a Vero a hurtadillas. Se fijó en que su compañera hacía lo mismo con Eugenio, que tenía la vista clavada en el suelo. El detalle la hizo sentir incómoda otra vez. Incómoda porque Eugenio la miraba mucho, y de una forma que ella conocía de sobra, aunque sin el descaro de la mayoría. Era la mirada del descubrimiento, de la primera impresión, del golpe de efecto que solía causar en los chicos y en los no tan chicos. Cualquier hombre. En Eugenio aquella mirada estaba revestida de dulzura. Y le gustaba.

Pero la que se había acercado a él era Vero. La que había entablado la primera conversación era Vero. La que había atraído a Eugenio hasta ellas era Vero. De alguna manera, Eugenio le pertenecía. ¿O no?

Era su ligue.

Un ligue que a quien miraba era a la amiga.

---

2 **erguido** recto, firme, derecho – 2 **inequívoco** claro, inconfundible, evidente – 3 **la distinción** clase, elegancia, estilo – 7 **un flash** *ingl fig* chispa de luz, iluminación o claridad para ver uc; *coloq* sorpresa, impresión fuerte – 10 **tratar** tener relación con up, relacionarse con ella – 10 **a menudo** *loc* con frecuencia, muchas veces – 13 **una fijación** *coloq* obsesión, idea fija – 16 **una desazón** desesperación, intranquilidad – 19 **a hurtadillas** *loc* a escondidas, en secreto – 20 **clavado** *fig* fijo, firme, sujeto (genagelt) – 23 **el descaro** frescura, desvergüenza, impertinencia – 30 **atraer** acercar – 32 **un ligue** *Esp* up con quien se ha ligado (flirteado o comenzado una relación amorosa o sexual)

Espe se mordió el labio inferior. Si ella pasaba de Eugenio, no tendría mayor importancia que él la mirase. Ninguna. Sin embargo…

¿Por qué tenía que pasar?

5 ¿Por qué se planteaba ya ceder, antes de que sucediera nada?

Las cosas siempre salían de forma inesperada, por mucho que las personas se empeñaran en torcerlas. La vida tenía autonomía propia.

10 La maldita vida y sus trampas.

Suspiró.

Se estaba complicando la existencia. ¡Menudo castillo de arena andaba levantando! ¡Acababan de conocerle! ¿Qué le pasaba? ¿Era porque Vero tenía una punta de ansiedad que

15 todo lo convertía en blanco o negro? ¿Era por la sorpresa de descubrir que Eugenio parecía distinto? ¿Era por simple tozudez, como si todavía creyera que la vida le debía algo en sus actuales circunstancias?

El silencio se le antojó opresivo.

20 Eugenio percibía ese silencio.

Se dejaba llevar, pero notaba su cambio, la desazón, el tan-tan acelerado de su corazón. De pronto, la chica en la que había estado pensando aquellos días estaba allí, muy cerca, y después de leer uno de sus poemas. Ella y su desconcertante

25 amiga.

Espe era sin duda lo más bello que jamás hubiese visto.

Y Vero, un nervio con una punta agotadora que la hacía extraña.

Inquietante.

30 ¿Peligrosa?

Le dieron ganas de echarse a reír. ¿Qué era, un novelista? Las cosas solían ser más sencillas. En el fondo, los tres estaban igual, como un flan, a un paso de la prueba que podía cambiarles la vida. Y él, con su timidez a cuestas, quizás no

35 pasase de ser, en el fondo, el juguete de ellas dos.

---

13 **un castillo de arena** *aquí:* esperanzas, ilusiones con poco o ningún fundamento (Sandburg); como construir castillos en el aire – 17 **la tozudez** cualidad de tozudo (firme, resistente, constante) – 19 **opresivo** angustioso, agobiante – 21 **dejarse llevar** *loc coloq* no seguir la propia opinión, sino actuar según la voluntad de otros o las circunstancias – 21 **un tantán** *aquí: sonido* que hace uc al golpear – 24 **desconcertante** que produce desconcierto o perplejidad, sorpresa – 27 **una punta** algo, un poco, pequeña cantidad de algo – 33 **como un flan** *loc coloq* muy nervioso o excitado

Demasiado guapa una y demasiado agresiva la otra.

Lo más seguro es que no las volviese a ver nunca, salvo que fueran aceptados, o que fueran al club el sábado.

Tenía que haberse quedado en el teatro, solo, concentrado.

5 Aunque reconocía que prefería estar con ellas.

Con Espe.

Alzó las cejas de golpe al tener una idea: si Espe cantaba bien, podía meterla en el grupo. Las chicas funcionaban. Y una voz femenina les daría un nuevo aire, una dimensión distinta,
10 tal vez incluso más actual. Y si no le gustaba a Nacho… adiós.

Se imaginó a Los Genios con Espe al frente.

De locura.

Estaban llegando al bar. No habían abierto la boca en todo el trayecto, sumidos en sus pensamientos. Por esa razón el grito
15 les asustó, aunque más a Eugenio porque iba dirigido a él.

—¡Genio, tío!

## 45

Se dio la vuelta y se encontró a Pablo Minguella casi encima suyo. Apenas tuvo tiempo de parar su envite. El aparecido le
20 abrazó como si hiciera un millón de años que no se veían. Le palmeó la espalda y tuvo que acabar dejando caer la bolsa al suelo.

—¡Genio! —repitió llenándose la boca con la palabra, alargando la ene con exceso—. El otro día hablaba de ti. ¿Qué
25 es de tu vida?

—No gran cosa —hizo un gesto vago.

Pablo Minguella y él habían ido al colegio juntos. Hasta los dieciséis años. Después se habían visto apenas dos veces, una en un bar, de casualidad, y otra en un concierto en el que se
30 presentó. Eugenio le rehuía ya en el colegio porque era un bocazas, uno de esos a los que les gustaba destacar a voces, no por sus actos. Fanfarrón y lanzado, era su antítesis. Pero a Pablo le encantaba estar cerca de los que conseguían algo, por

---

14 **un trayecto** recorrido, distancia – 14 **sumido** concentrado, con la atención en uc –
19 **un envite** avance que se realiza de golpe; empujón, choque – 24 **un exceso** algo por encima de lo normal, demasiado – 30 **rehuir** evitar el trato, la relación o compañía de up – 31 **un bocazas** *Esp pl coloq* up que habla más de lo que aconseja la discreción, educación – 31 **a voces** *loc* a gritos, en voz muy alta – 32 **un fanfarrón** up que presume o se precia de ser lo que no es, que le gusta aparentar

si quedaban migajas que recoger. En el bar se le llegó a ofrecer como mánager, aduciendo que «tenía contactos».

—¿Pero qué haces tú por estos barrios, tío? ¡Cagüen la leche! —tronó con todo su vozarrón dándole un golpe en el brazo.

Eugenio se encogió de hombros.

—Tengo una prueba ahí, en el teatro.

—¿Una prueba?

—Un casting.

—¡Fiu! —silbó. Ya había mirado a Espe y a Vero, pero ahora expandió su mejor sonrisa en los labios para ir más allá—. ¡Eh!, ¿no vas a presentarme?

—Espe y Vero…, este es Pablo.

Se les echó encima, como había hecho con él. Primero Vero, que era la que tenía más cerca. Después Espe. Les dio cuatro besos en sus cuatro mejillas y se separó para seguir mirándolas con los ojos muy abiertos.

—Si no tardas, te espero y damos una vuelta los cuatro, ¿qué te parece?

—La prueba va para largo —se apresuró a decir Eugenio.

—¿Tienes novia? —insistió mirando a las dos como para decidir que se quedaba con la sobrante.

—Pablo, tranquilo —le frenó él.

—¡Si es que eres un genio, Genio! ¡Que vas directo al éxito! —masticó cada palabra con las mandíbulas apretadas y le pasó un brazo por encima de los hombros. Miró a las dos chicas—. En el colé ya era un dios —y sin esperar una respuesta volvió a encarársele—: ¿Tu hermana aún está loca?

—Un poco.

—Ya debe de estar **potente**, ¿no?

—Oye, que tiene quince años.

—Pues por eso: **potente** —se echó a reír—. Un día me dejo caer por tu casa y vuelvo a verla.

—Ni loco.

—Venga, hombre.

---

1 **una migaja** pl sobras o restos de up, que aprovechan otros – 1 **recoger** coger, guardar, juntar – 2 **aducir** alegar, presentar pruebas, razones – 3 **cagüen la leche** vulg euf forma oral reducida para decir "me cago en la leche", que expresa queja, maldición, fastidio – 4 **tronar** fig hablar con voz muy fuerte y violenta, como el sonido que produce el trueno (rayo que hace ruido) – 4 **un vozarrón** voz muy fuerte y ruidosa – 9 **fiu** sonido que expresa sorpresa, admiración, respeto; como "uf, guau" – 9 **silbar** producir un sonido agudo al pasar aire por los labios teniéndolos apretados (a veces con ayuda, además, de los dedos puestos de forma adecuada) – 19 **apresurarse** darse prisa, hacer rápido – 24 **apretar** unir con fuerza (drücken) – 27 **encarar** ponerse up cara a cara, enfrente de otra; dirigirse a ella

—¡Búscate la vida! —la sonrisa de Eugenio era forzada. Les dirigió una mirada pidiéndoles disculpas.

—¿Y de qué es el casting ese?

—No lo sabemos. Actores, cantantes, bailarines...

5 —¿Tienes tiempo para todo?

—Lo intento.

—Si no hablamos del proyecto, no vamos a tener tiempo de discutirlo y ensayarlo —intervino Vero al quite.

—Sí, sí, claro —reaccionó Eugenio—. Perdona.

10 —Trabajo, ¿eh? —Pablo Minguella se apartó de su lado—. ¡Artistas!

—A ver si nos vemos, ¿vale? —Eugenio le tendió la mano.

—¿Tocas con el grupo algún día?

—No, qué va. Estamos muy parados —mintió él.

15 —Bueno —se dirigió a Espe y a Vero—. Si os cansáis de su careto, no tenéis más que llamarme, ¿de acuerdo?

—Descuida —dijo Vero.

Pablo Minguella volvió a besarlas. Fue su último gesto. Se despidió de Eugenio con otro abrazo pese al apretón de manos 20 y tras él dio un primer paso para marcharse. Varios de los que esperaban en el teatro pasaron por su lado entrando también en el bar. Espe fue la primera en imitarlos para asegurarse una mesa. Vero esperó a Eugenio.

—¡Chao, tío! —tronó la voz de su amigo por última vez.

25 —Hasta pronto.

Les dio la espalda.

—Imbécil —susurró Vero.

—Lo siento —suspiró Eugenio—. Y gracias.

Y fueron tras los pasos de Espe.

30 **46**

Espe se había asegurado la última mesa libre, cerca de la ventana y junto a la pared. Cuando llegaron hasta ella, ya se había sentado. Vero hizo lo mismo a su lado. Eugenio se quedó de pie.

---

8 **intervenir** entrar en la conversación – 8 **ir al quite** *loc* ayudar rápidamente a up que lo necesita (estar preparado, atento para hacerlo) – 14 **parado** sin trabajo o actividad – 16 **un careto** *Esp coloq* cara, rostro; puede ser *despect* – 17 **descuidar** *en imperativo* para tranquilizar a up que tiene una preocupación o para librarle de una tarea – 19 **un apretón de manos** estrecharse, apretar las manos con energía y efusión – 20 **un paso** espacio que se recorre sucesivamente con los pies al andar

—¿Qué queréis tomar? —les preguntó.

—Yo, una limonada —pidió Espe.

—Yo, agua natural y que no esté fría —hizo lo propio Vero.

—Ahora vuelvo.

5 Le vieron caminar hacia la barra, pasando por entre las restantes mesas y sus ocupantes, algunos de los cuales hablaban o reían a gritos. Lo peor era el humo, pesado y denso, que lo impregnaba todo. El bar no era más que uno de tantos, oculto en cualquier rincón de una gran ciudad. Bocadillos y 10 conversación, cervezas y tabaco. Un televisor encendido al que nadie miraba completaba el cuadro, además de una tragaperras en la que un hombre con cara de debilidad y cuerpo acorde, pequeño y flaco, iba echando monedas, alimentándola de forma insaciable.

15 La música de la máquina las amenazó con su perseverante machaconería.

—¡Qué sitio, por Dios! —se estremeció Espe.

—Bienvenida al mundo real —frunció el ceño Vero.

Fue su primer atisbo de conversación. Las dos miraron a 20 Eugenio, que pedía las bebidas a un hombre grasiento y sucio que también tenía un cigarrillo en la comisura de los labios y un ojo semicerrado a causa del humo que le subía por la hinchada mejilla.

—Como para pedir un bocadillo —volvió a protestar Espe.

25 El del mostrador puso sobre la barra una botella de agua mineral, un refresco de limonada y una cola. Eugenio le hizo notar algo referente al agua y el hombre la recogió para cambiarla. Comprendieron que se la había dado fría.

Eugenio sacó su cartera del bolsillo para pagar.

30 —Detalle, ¿eh? —tamborileó con la voz Vero.

---

2 **una limonada** bebida refrescante con limón – 5 **una barra** mostrador, mesa muy larga y alta que hay en los bares – 6 **restante** demás, resto, que resta (falta) – 6 **ocupante** up que ocupa, toma posesión de un lugar (que pudo ser de otra persona) – 8 **impregnar** penetrar, introducirse, influir uc en otra – 11 **un cuadro** escena, espectáculo – 11 **una tragaperras** *Esp* máquina de juegos de suerte o azar que funciona introduciendo monedas – 12 **acorde** armónico, adecuado, correspondiente – 13 **flaco** muy delgado, de pocas carnes – 13 **alimentar** *fig* dar de comer, dar alimen, ayudar a que crezca uc – 14 **insaciable** que no se puede satisfacer o hartar – 15 **perseverante** constante, firme, insistente – 16 **la machaconería** *Esp coloq* pesadez, molestia – 17 **estremecer** horrorizar, alarmar – 19 **un atisbo** *fig* un indicio, signo – 20 **grasiento** lleno de grasa – 21 **una comisura** extremo donde se juntan el labio superior y el inferior (Mundwinkel) – 22 **semi**– medio o casi – 23 **hinchar** aumentar el volumen, la dimensión de uc – 30 **tamborilear** celebrar mucho a up con la voz

—Un chico como los de antes, que diría mi madre —repuso Espe.

—¿Por qué como los de antes?

—Antes los chicos invitaban siempre.

5 —Y nosotras, de regalo: mujer objeto —se burló Vero sarcástica— Así nos iba.

—Pero no me negarás que tenía algo de romántico.

—Ya salió la palabra. Eres romántica.

—Como todas.

10 —No, como todas no. Tú eres romántica.

—¿Y tú no?

Vero se fijó en ella. Miraba a Eugenio, que pagaba la cuenta en la barra. El rostro de Espe era aséptico. A veces creía que todas las chicas guapas eran así. Sus caras no transmitían 15 emociones, eran como espejos unas veces y como paredes de hormigón otras. De esta forma se inmunizaban y cobraban ventaja frente a los demás. Absorbían determinadas emociones de las que se nutrían y se blindaban ante otras que rebotaban en sus muros.

20 Y ella no era guapa porque estaba gorda.

—Conozco esa mirada —le dijo a Espe.

—¿Cuál?

—Esa, la que tienes ahora.

—No te entiendo.

25 —¿A que ya te gusta? —señaló a Eugenio.

No era la pregunta que Espe hubiera imaginado.

—No está mal —confesó incierta—. Tiene… algo, supongo.

—Tiene que es un cielo —entró a saco Vero—. Me escribe un poema como el que ha hecho antes y me derrito.

30 —Atácale —invitó Espe.

Se arrepintió al momento de haberlo dicho.

—Descuida —Vero le guiñó un ojo—. Lo haré.

Eugenio regresaba con las tres bebidas en una mano y tres vasos de cartón en la otra. Se sintió bañado por las miradas de

---

1 **reponer** replicar, responder – 5 **una mujer objeto** la que es valorada exclusivamente por su belleza o atractivo sexual – 7 **negar** ≠ afirmar – 13 **aséptico** neutral, frío, sin pasión – 16 **el hormigón** mezcla muy dura de cemento y otros materiales que se utiliza para la construcción – 16 **inmunizar** hacer inmune (que no se puede dañar) – 16 **cobrar** conseguir – 17 **absorber** beber, chupar; consumir completamente – 18 **nutrir** alimentar – 18 **blindar** *fig* proteger cerrando completamente el acceso a ningún peligro – 27 **incierto** inseguro, dudoso – 29 **derretir** *coloq* sentir gran pasión o emoción por amor a up, enamorarse – 30 **atacar** *fig fam* luchar por conseguir uc, ir al ataque (*aquí*: el amor de up) – 34 **bañar** *fig* cubrir, llenar uc de algo

sus dos nuevas amigas y trató de disimular al cubrir la última distancia. Cuando aterrizó en la mesa las depositó en sus manos, extendidas para aliviarle de la carga. Se sentó en una silla, frente a ambas, a una distancia equidistante de las dos.

5 Noche y día.

—Salud —levantó su refresco de cola.

—Por nosotros —dijo Espe.

—Para que formemos la cabecera del cartel de lo que sea que vayan a montar —propuso Vero.

10 Hicieron entrechocar los vasos llenos con sus respectivas bebidas y se los llevaron a los labios. Fueron tres sorbos simples y rápidos. Los vasos acabaron en la mesa y entonces todos esperaron que fuese otro u otra quien rompiese el hielo.

Fue Vero la que lo hizo.

15 —Te ha llamado Genio porque lo eres, ¿verdad?

—No, me ha llamado Genio porque es un diminutivo de Eugenio.

—¡Anda ya! —se acodó sobre la mesa Vero.

—Gracias por ser tan positiva —volvió a brindar él.

20 —Hablando de positivo, ¿por qué no escribes esa versión feliz de tu poema de antes? —le propuso.

—¿Ahora? —exclamó Eugenio.

—¿Qué tiene de malo ahora?

—¿Tú crees que yo me siento y…?

25 —Pues sí.

—Paso.

—Nos gustaría leerla, ¿a que sí? —le dio un golpe con el codo a Espe para que la apoyara.

—Déjale en paz —pasó Espe, súbitamente incómoda pero 30 también molesta por verse metida en medio.

—¿Te gustaría ver ese poema convertido en algo feliz y… romántico, o no? —insistió Vero con malicia.

---

2 **aterrizar** *coloq* aparecer de repente – 3 **aliviar** aligerar, hacer menos pesado – 3 **una carga** peso que se lleva o carga – 4 **equi–** igual; **equidistante** a la misma distancia – 8 **una cabecera** principio o parte principal – 10 **entrechocar** chocar entre sí dos cosas – 11 **un sorbo** cantidad pequeña de líquido que se puede beber de una vez – 13 **romper el hielo** *loc coloq* romper la timidez, reserva o frialdad en una relación o trato personal – 18 **acodarse** apoyarse en un lugar sobre los codos – 19 **brindar** hacer un brindis, beber a la salud de uc o up (manifestando buenos deseos)

Por debajo de la mesa, su pierna impactó con la de su compañera. Fue demasiado evidente, porque Espe pegó un respingo al notar el golpe.

—¡Me encantaría! —elevó los ojos al cielo y fingió ponerlos
5 en blanco.

—¿Lo ves? —fue categórica Vero.

—Si me estáis mirando no voy a ser capaz de escribir nada —fue sincero él.

—No te miraremos. A cambio te prometo que cuando
10 nos escoja Xavier Recasens le diremos que te dé una oportunidad…

—¡Fantasma! —bufó Espe.

Eugenio las miró a las dos. No entendía muy bien el juego directo y transgresor de Vero. No sabía si le tomaba el pelo
15 por algún motivo o si se trataba de algo más sutil que no acertaba a comprender. Eso se llamaba inexperiencia con las chicas. Demasiada música. Demasiada soledad. Demasiada intensidad creativa. En cambio, Espe le miraba de otra forma, más dulce, más abierta, o al menos eso creía él. O al menos eso
20 quería creer él. Espe aguardaba, contenida.

Fueron sus ojos los que le decidieron.

Aunque acabó mirando a Vero para decir:

—De acuerdo, pero sin burlas ni risitas ni miradas, ¿vale?

## 47

25 Tomó la libreta, que había guardado en la bolsa, y arrancó una hoja en blanco. Luego buscó el poema escrito en el teatro y colocó la página al lado. Miró la primera línea de la primera estrofa y, sin pensárselo dos veces, escribió el nuevo primer verso de la segunda versión.
30 Y casi a continuación, el segundo y el tercero.

Escribía rápido, con una letra pulcra aunque intermitente, sobre todo en los finales de las palabras. El bolígrafo dejaba un sesgo azulado, una ola continua—discontinua que abría

---

1 **impactar** golpear, chocar – 2 **pegar** realizar, efectuar una acción o acto – 3 **un respingo** sacudida, estremecimiento, agitación violenta del cuerpo por una emoción intensa, sorpresa, *etc* – 6 **categórico** terminante, absoluto, indiscutible – 14 **transgresor** que rompe una ley; *aquí: coloq* que rompe las normas (de educación, cortesía) – 20 **aguardar** esperar – 20 **contenido** con medida, moderación, prudencia – 31 **pulcro** bello, delicado, cuidadoso – 31 **intermitente** discontinuo, irregular – 33 **un sesgo** modo torcido, diagonal, con tendencia hacia un lado de uc

aquella blancura igual que Moisés las aguas del mar Rojo. Espe y Vero le miraron sin poderlo evitar. Era como si de pronto se hubiese aislado, cerrándose frente al mundo. No existía nada más que aquello que estaba haciendo y el sentimiento que
5  lo hacía fluir. Otro verso, y otro más. Miraba lo ya escrito y lo convertía en algo distinto.

Un poema triste, de desamor.

Un poema feliz, de amor.

Abismos.

10  Espe sintió su dulzura. Fue un ramalazo de calor. La forma de agarrar el bolígrafo, la manera de ladear la cabeza, la peculiar energía que desprendía al leer lo que tenía anotado y el chispazo que lo transformaba diciendo lo contrario. Miró su cabello negro, las orejas pequeñas, la mandíbula recta, la
15  nariz gruesa, los labios bellamente dibujados en aquel océano amable. Pero sobre todo volvió a apreciar sus manos.

Eran las manos más bonitas que jamás hubiese visto.

Observó a Vero.

Ella también le miraba el rostro, la *expresión*, las manos.
20  Pero en su mirada había algo más. Sus ojos destilaban fuerza y furia, deseo y ansiedad. Vero vivía una guerra. Se había fijado en Eugenio, se había encaprichado de él, pero era como si en ella no hubiese más opción que ganar.

Espe se estremeció.
25  No tenía más que apartarse, pasar, pero…

Volvió a hacerse la misma pregunta: ¿por qué tenía que pasar?

La estudió un poco mejor ante la inmovilidad de su compañera, pendiente de lo que escribía Eugenio. No tenía
30  pecho. Llevaba la ropa holgada porque no tenía nada debajo. Y las ojeras eran tan evidentes que…

Eugenio había completado la primera estrofa y el primer grupo de tres versos, intermedio entre la primera estrofa y la segunda. Atacaba esa segunda estrofa con más y más
35  celeridad.

---

1 **Moisés** profeta judío muy importante para las religiones monoteístas que, según la Torá y la Biblia, consiguió que Dios abriera el Mar Rojo (Moses) – 3 **aislado** solo – 9 **un abismo** profundidad grande, peligrosa, incomprensible – 10 **un ramalazo** sentimiento inesperado – 11 **ladear** torcer hacia un lado – 12 **peculiar** especial, propio – 12 **desprender** echar de sí uc – 13 **un chispazo** *fig* surgir una idea como salta la chispa del fuego – 13 **transformar** cambiar, modificar – 16 **apreciar** percibir, diferenciar; sentir cariño o afecto por up – 20 **destilar** manifestar, hacer salir – 22 **encapricharse** tener capricho por uc o up, determinación por conseguirla; **un capricho** deseo que no se sabe cómo se ha formado – 35 **la celeridad** velocidad

Espe se obligó a sí misma a levantar la cabeza, pasear la vista por el bar. No quería espiar a Vero ni quería reconocer que algo le sucedía con Eugenio. Todo junto, se le antojaba esperpéntico. Ella no era más que una amiga ocasional y él un recién aparecido. El amor a primera vista era para los ilusos. Ni siquiera para los románticos. Para los ilusos, los soñadores, los cazadores de quimeras.

Los colgados de los sueños.

La pelirroja reía cerca de ellos, sentada en otra mesa, firme y decidida, guapa y espectacular, segura. Tenía tres chicos para ella sola. Su mata de pelo era impresionante. La sangre debía de arderles solo con verla. Toda su belleza palidecía ante la de su oponente en el casting.

Siempre igual.

Cisne entre patos. Cisne entre cisnes. Y nunca era el gran cisne.

Pensó en Amparo, feliz con Quique, lejos de casa y de tanta tristeza. Tan simple como eso, porque Amparo era tal cual, simple y pura. Un novio, la emancipación, y la existencia por delante. Su único sueño era arañarle a la vida un poco de esperanza para vivirla.

Eugenio paró de escribir, cogió su vaso casi maquinalmente y le dio un largo sorbo. Luego volvió a la carga. Ya completaba la segunda estrofa larga.

Vero observaba sus manos mientras escribía. Los dedos largos y delicados, de puntas finas. Manos suaves pese a las callosidades de las yemas, debidas a las cuerdas de las guitarras. Cerró sus propias manos al notar, más que nunca, la diferencia. Ella las tenía huesudas, los nudillos enormes, un tanto deformes incluso. No lo entendía. Las personas gordas tenían las manos gordas, y en cambio las suyas no lo eran, pero tampoco eran agradables, ni delgadas, ni hermosas.

---

4 **esperpéntico** grotesco, extravagante, caricaturesco – 5 **un iluso** soñador, up a quien se engaña fácilmente – 7 **un cazador** *fig* up que caza, que mata animales – 7 **una quimera** fantasía, ilusión; animal monstruoso imaginario – 8 **un colgado** *Esp coloq* loco por una pasión; *coloq fig* que depende de una droga y está bajo sus efectos – 11 **una mata de pelo** gran porción de cabello – 12 **palidecer** disminuir en importancia o brillo – 13 **un oponente** rival, competidor, antagonista – 20 **arañar** *coloq* recoger con mucho esfuerzo, de varias partes y en pequeñas porciones, lo necesario para algún fin – 22 **maquinalmente** automáticamente, sin pensar – 27 **una callosidad** dureza que se forma en la piel por presión o roce, callo – 27 **una cuerda** Saite – 29 **huesudo** que tiene los huesos muy marcados – 30 **deforme** desproporcionado o irregular en la forma

Hizo algo más que cerrarlas de golpe. Las escondió debajo de la mesa.

Y estaba lo de las uñas, tan mordidas.

Espe tenía sus uñas cuidadas y bonitas.

5 Vero levantó la cabeza y fingió estirar el cuello. Espe miraba hacia lo lejos, como si pasara de Eugenio, de su poema, de todo. Ausente y distante. Se sintió más tranquila. Espe era de la clase de chicas que lo conseguían todo, y casi siempre sin esfuerzo. Virtudes de las guapas. Apostaba lo que quisiera a 10 que comía de todo sin engordar un gramo.

Si pudiera ser como ella, padre incluido.

Un padre vivo.

Aunque se hubiera ido con otra. ¿Y qué? Si no hubiese muerto, a lo mejor también el suyo lo habría hecho.

15 No, el suyo no. Dios... Amaba tanto a su madre, y ella a él.

Pensar en su padre acabó por recordarle el daño, el miedo que flotaba en su alma.

Pánico.

Tuvo ganas de gritar.

20 —Esto... ya está —oyó decir a Eugenio.

Su nuevo amigo estaba escribiendo la última línea de la reconversión del poema.

## 48

Eugenio levantó la cabeza y se encontró con sus miradas. 25 Aún no las conocía, así que no supo valorarlas. En cualquier caso, no eran simples miradas divertidas o curiosas. Titilaban en ellas un sinfín de mundos ocultos, escenarios humanos, luces y sombras. Fue Vero la que alargó la mano, pero fue un gesto imperioso más que una solicitud.

30 Le entregó la hoja de papel con el nuevo poema y la libreta.

—Veamos... —comentó Vero con malicia.

Puso la hoja entre las dos, para que pudieran leerla, y la libreta en la mesa, por si querían comparar los versos de la

---

3 **una uña** Fingernagel – 3 **morder** apretar con los dientes uc – 9 **una virtud** cualidad personal que se considera buena y correcta; capacidad para producir o causar efectos, fuerza – 17 **flotar** *fig* suspensión al nadar o volar – 22 **una reconversión** volver a convertir o transformar en otra cosa – 25 **valorar** reconocer, apreciar el valor de uc o up – 26 **una mirada** → mirar; vista – 26 **titilar** brillar una luz con ligero temblor – 27 **un sinfín** infinidad, gran número de cosas o personas – 29 **imperioso** autoritario, exigente; urgente – 29 **una solicitud** → solicitar, pedir

primera versión. Eugenio se dejó caer hacia atrás, de nuevo avergonzado porque alguien leía algo suyo y él lo presenciaba.

Se produjo el silencio mientras una y otra deslizaban los ojos y los sentimientos por encima de aquel puñado de ideas
5 escritas:

*Voy a ponerme esta camisa que huele tanto a ti*
*Y a guardar tu cepillo de dientes en mi baño*
*Todos los icebergs se derriten al llegar a mares cálidos*
*Voy a abrazarte eternamente el resto de mi noche*
10 *Enmarcaré esa foto que nos hicimos en la playa*
*Piensa en mí al saber que me amas*
*Voy a cerrar la puerta y a hundirme en la almohada*
*Cambiaré el mando a distancia de mi vida solo para ti*
*Cuando llegues al final del camino estaré a tu lado*

15 *Todos los corazones se agitan al crecer*
*Todos los corazones sueñan al encontrarse*
*Todos los corazones viven al renacer*

*Voy a pedir que renueven para siempre la suscripción de tu amor*
20 *Aún llevo tu perfume prendido en mi olfato*
*Cuando grites mi nombre canta y ríe con toda tu pasión*
*Voy a imprimir tu huella en el fondo de mi alma*
*Y a grabar y copiar el vídeo de nuestra joven película*
*Todas nuestras lunas llenas nos estallan en los ojos*
25 *Voy a leer la última carta que me enviaste*
*Ahora los días son eternos más allá de ti*
*Nadie cantará por nosotros porque es nuestro secreto*

*Todos los corazones ríen al vivir*
*Todos los corazones cantan al saber*
30 *Todos los corazones gritan al ser uno*

---

3 **deslizar** *fig* pasar suavemente un cuerpo sobre otro – 4 **un puñado** cantidad que puede contener la mano cerrada o puño – 10 **enmarcar** poner en un marco o cuadro – 15 **agitar** inquietar, preocupar – 17 **re–** volver a hacer, repetir – 18 **renovar** cambiar una cosa vieja o que ya no vale por otra nueva – 22 **imprimir** fijar la huella en uc mediante presión – 23 **grabar** registrar imágenes, sonidos o datos en un soporte adecuado para guardarlos

*Voy a devorar los libros que son nuestra historia*
*Arrancaré las páginas de todo el calendario*
*Volaré en círculos por el universo para regresar*
*Voy a abrazar tu voz al decirme "para siempre"*
5 *Pediré una renovación en mi trabajo de ser*
*Si buscas mi rostro entre la multitud siempre lo encontrarás*
*Voy a besar el espejo en el que te reflejaste*
*Y a esperar por todas las noches que usaremos*
*Todos los corazones existen para el amor*

10 El mismo poema, pero todo distinto. Las mismas frases, pero expresando la felicidad del amor en lugar de la tristeza del desamor. Un curioso ejercicio. Un prodigio de improvisación. Espe se quedó boquiabierta y fue la primera en levantar la cabeza para mirar a Eugenio. El chico despistaba y lo hacía 15 mal. Puestos a despistar, hubiera podido mirar a la chica pelirroja, pero no lo hacía. Tenía la vista fija en ninguna parte, en la nada de aquel bar lleno de humo en el que esperaban la agonía final. Vero tardó todavía un minuto largo en acabar de leer por tercera o cuarta vez el texto.

20 —Es muy bueno —se adelantó Espe, que no había querido hablar antes de que Vero terminara su lectura—. Resulta… sorprendente.

Eugenio hizo una mueca ambigua.

—No te gusta que te lo digan, ¿verdad? —dijo Vero.

25 Eugenio pensó en su padre, su mejor valedor. Llevaba tanto tiempo diciéndole que era bueno que a veces sentía miedo de fallarle. Y todos los demás, que le llamaban Genio. Aún no había hecho nada. Nada. Quizás necesitase que le recordasen algo tan elemental como que era un ser humano, y encima 30 joven e inseguro. Tímido.

Nunca había estado sentado en una mesa con dos chicas tan atractivas, sobre todo la del pelo corto.

—No es más que un poema —trató de justificarse.

—Podríamos formar un trío —propuso Vero.

35 —¿Vocal? —abrió los ojos Eugenio.

—Sí, ¿por qué no?

13 **boquiabierto** con la boca abierta por sorpresa o admiración – 14 **despistar** disimular – 18 **una agonía** estado de angustia, pena y miedo previo a la muerte – 20 **adelantarse** ponerse por delante de up, hacer up antes que ella – 23 **ambiguo** que puede entenderse de varios modos o interpretarse de diferente forma – 25 **un valedor** up que protege, ayuda a otra – 33 **justificarse** probar con razones o argumentos convincentes la inocencia de uno

—No sé, la música está bien, pero actuar…

—Sí, opino lo mismo —asintió Espe.

Vero sintió irritación. Justo aquello en lo que no era especialmente buena.

5 —Todos queremos ser famosos, ¿no? —alegó—. Da igual cómo lo consigamos.

## 49

Eugenio fue el primero en responderle.

—Yo no quiero ser solo famoso —dijo—. Quiero hacer algo
10 de lo que me sienta orgulloso.

—¿Vas de artista puro? —frunció el ceño Vero.

—No sé si voy de artista puro o no, pero no haría lo que fuese por la fama. Mira cuántos famosos hay en la tele que duran cuatro días. No son más que freaks, monstruos.

15 —Estoy de acuerdo con él —le apoyó Espe.

Vero se les enfrentó.

—¿De qué vais? ¿Habláis en serio? ¡Todos estamos en esto por la fama; si no, de qué! Queremos cantar, bailar, actuar, y queremos estar en un escenario, y que nos quieran. ¡No hay
20 más!

—¿Y lo que uno lleva dentro? —preguntó Eugenio—. Tú estás hablando de mera ambición, y eso no tiene nada que ver con el arte.

—¿Cuántos músicos conoces?

25 —Algunos.

—La mayoría están en la música para subirse a un escenario y ligar. Las chicas se enamoran de ellos. Ni los miran por la calle, pero en un escenario y con una guitarra en las manos… ¡Ah, entonces todos tienen algo! ¡Y no me digas que no!

30 —Los músicos son una raza especial, y más los de ahora. Sí, es cierto, conozco a muchos cuya única intención es grabar un disco cuanto antes y ser número uno y trincar toda la pasta posible, y por supuesto montárselo cada noche con una

---

3 **la irritación** rabia, molestia, enfado – 18 **¿de qué?** *coloq* ¿por qué razón? ¡para qué! ¿con qué motivo, finalidad? – 22 **la ambición** deseo ardiente, vehemente de conseguir poder, riquezas o fama – 22 **tener que ver** *loc* tener relación o parecido uc o up con otra – 30 **una raza** casta o condición de origen; *fig* grupo con carácter y comportamiento distintivo – 32 **trincar** *Esp coloq* robar; *fig* ganar, llevarse todo el dinero posible

distinta y viajar y… Pero no pienso que sea un ejemplo válido. Ni creo que lo digas del todo en serio. Solo quieres pincharme.

—¡Oh, oh! —cantó Vero lanzándole una sonrisa—. ¿Tú crees?

—¿Por qué estás tú en esto?

5 —Lo necesito.

—¿Por qué lo necesitas? —insistió Eugenio.

—Me lo pide el cuerpo.

Eugenio miró a Espe, que había asistido al pugilato verbal en silencio.

10 —¿Y tú?

—No sé… Pienso que es mi vida. Si no respiro, me muero, y si no me viera cantando o bailando o actuando, lo mismo.

—¿Y el dinero?

—Bueno, lo veo al final del camino, como una recompensa.

15 —Veréis —volvió a hablar Vero—. Queda muy bien decirlo, y más ahora, a nuestra edad, cuando se supone que los ideales deben primar por encima de la comercialidad, pero no nos engañemos. Ser artista equivale a ser libre, vivir la vida, tener poder, y todo esto no se consigue sin pasta.

20 —Tú lo has dicho: ser libre, vivir la vida. En lo del poder y la pasta no estoy de acuerdo —puntualizó Eugenio.

—De acuerdo, convénceme —propuso Vero.

—¿Cómo?

—No sé. Piensa algo.

25 —¿Ahora?

—No, hombre, no. Tienes toda la vida, aunque no me gustaría que esperases a los cuarenta o los cincuenta.

Espe se asombró de su cara dura. Nunca había oído mejor forma de ligarse a alguien. Era como decirle «salgamos juntos» con un poco de imaginación. Eugenio, que hablaba en serio y con vehemencia de sus ideas, reaccionó tarde.

—Algún día te dedicaré una canción —forzó una de sus sonrisas de apuro.

—¿Cuándo?

35 —No sé, cuando tenga cuarenta o cincuenta años y te conozca mejor.

—¿Vas a tardar tanto en conocerme? ¡Pero si soy transparente!

---

7 **me lo pide el cuerpo** *expresión* para explicar el deseo intenso que se siente de hacer uc, la necesidad de hacerla – 8 **asistir** estar presente – 8 **un pugilato** disputa en que se extreman los diferentes puntos de vista, se discute con pasión – 17 **primar** sobresalir, dominar – 28 **caradura** sinvergüenza, fresco, atrevido – 32 **forzar** hacer fuerza en up o uc para conseguir que haga algo contra su voluntad o que no haría de forma natural

—El que es lento soy yo —le recordó Eugenio.

Se hizo un momentáneo silencio. Espe seguía callada, con la mirada fija en Eugenio. A veces, en aquellos dos o tres últimos minutos, era como si se estuviese escuchando a sí misma. Sus palabras (o, mejor dicho, sus sentimientos, porque ella no sabía expresarlos con palabras) en boca de otra persona. Eugenio hablaba de vivir, de ser libre, de independencia, de ser artista… y lo hacía con el corazón. No entendía de qué iba Vero, a no ser que estuviese desplegando una táctica feroz para ligárselo, a base de provocaciones, pero sí sabía lo que estaba sintiendo ella.

Miró el poema "positivo", que seguía encima de la mesa, frente a ella y Vero. Se quedó colgada de tres frases concretas: «Todos los icebergs se derriten al llegar a mares cálidos», «Todos los corazones se agitan al crecer» y «Todos los corazones sueñan al encontrarse». Eugenio era un gran corazón, un rara avis.

El ente puro.

—¿Qué es el éxito? —preguntaba en ese momento Vero volviendo a la carga.

**50**

Eugenio y Espe se miraron.

—Sentirse bien con uno mismo —respondió el primero.

—Saber que has conseguido tus sueños —dijo la segunda.

—¿Y ya está? —insistió Vero.

Eugenio se encogió de hombros, Espe curvó los labios hacia abajo. Vero retomó su apasionado discurso, cada vez con un punto mayor de agresividad y tensión.

—El éxito es muchas cosas. Sí, de acuerdo, es lo que decís, pero sentirte bien contigo mismo es imposible si te mueres de hambre —se dirigió a Eugenio—, y saber que has conseguido tus sueños es muy romántico, pero poco práctico si estás solo —se dirigió a Espe—. Yo creo que el artista busca el reconocimiento, el aplauso, que le digan lo bueno que es, que

---

9 **desplegar** poner en práctica una actividad; demostrar, manifestar una cualidad o aptitud – 17 **un rara avis** *coloq* up o uc singular, excepción de una regla cualquiera, única – 18 **un ente** *en filosofía* lo que es, existe o puede existir; *coloq* persona, individuo, ser – 34 **un aplauso** aplaudir; *aquí*: satisfacción, contento

le quieran más. Es como una esponja incesante. Cuanto más éxito, más lo necesita.

—¿Crees que los superfamosos son felices al cien por cien? —inquirió Espe.

5 —¡No, claro que no! ¡Pero prefiero no ser feliz al cien por cien siendo famosa que ser falsamente feliz al cien por cien no siéndolo! ¡La gente que dice que es feliz y no tiene nada miente, se resigna y ya está! ¡Y no hay nada que odie más que la resignación!

10 —No todo el mundo tiene talento —dijo Eugenio.

—¡Menos mal! —saltó Vero.

—Eso es una crueldad —apuntó Espe.

—¿Que quieres, un mundo en el que todos sean arquitectos, abogados o ingenieros? ¡Venga ya, tía!

15 —Hay algo aún más triste —continuó Eugenio—. Tener talento y malgastarlo o no saber cómo emplearlo... o incluso perderlo.

—El talento no se pierde nunca —aseguró Vero—, siempre está ahí.

20 —¿Y qué me dices de los que se drogan, se emborrachan, se pegan un tiro...? Hay una larga lista de genios que no supieron qué hacer con sus talentos.

—Son casos extremos.

—No tanto —insistió Eugenio—. El talento pesa. Es una 25 marca de la que no te escapas. La gente normal puede escoger ser médico o arquitecto o mecánico, estudia y punto. Pero el talento artístico te cae encima, naces con él, te escoge a ti. Y para algunos es una carga muy pesada.

—Tonterías. Todo el mundo querría nacer con talento y ser 30 un genio —dijo Vero.

—¿Estás segura? —la miró Eugenio.

—Sí.

—Yo creo que todo es cuestión de vocación, y de cuánto estés dispuesta a dar o a pagar, en energía y en vida, para conseguir 35 tus metas. Todo tiene un precio —opinó Espe.

---

1 **incesante** que no cesa, que no para – 4 **inquirir** examinar cuidadosamente algo, preguntar para saber – 14 **un abogado** up legalmente autorizada para defender en juicio los derechos o intereses jurídicos – 16 **malgastar** gastar o hacer uso de algo de forma inadecuada – 16 **emplear** usar, utilizar – 21 **pegarse un tiro** *loc* suicidarse con arma de fuego

—Frase hecha —sentenció Vero—. ¿Todo tiene un precio? ¡Y un cuerno!

—Un escritor que vino a darnos una charla nos dijo que lo que estés dispuesta a sufrir para conseguir lo que quieres, es el
5 equivalente a lo que conseguirás.

—Hay gente que no sufre nada y está ahí.

—No creo que sea tan fácil —objetó Espe.

—Es curioso —volvió a sonreír Eugenio aprovechando la leve pausa—. Tres personas hablando de lo mismo y desde ángulos
10 distintos. Tres universos. Y luego dicen que la gente debería ponerse de acuerdo y hablar más.

Espe quiso decirle que no eran tres opiniones, que ella pensaba como él; pero se calló.

—¿Qué daríais por ser escogidos en la prueba de esta tarde?
15 —trató de poner el dedo en la llaga Vero—. Yo os lo diré: todo. Mataríais por…

Se escuchó un zumbido armónico, cantarín. Espe alargó su brazo derecho para buscar en las profundidades de su bolsa. Tardó en dar con su objetivo. La melodía continuó por espacio
20 de cuatro o cinco segundos. Por fin atrapó el teléfono móvil. Miró la pantallita verde sin reconocer el número del que quería hablar con ella. Abrió la línea mientras se lo llevaba al oído.

—¿Sí?

—¿Esperanza? —escuchó la voz de su padre.

25 **51**

Se levantó de golpe, igual que si un resorte invisible se hubiese disparado en sus piernas. Sabía que algo le sucedía a su rostro, aunque ignoraba si era que estaba pálida o si, por el contrario, se acababa de poner muy roja. Una fuerte opresión
30 se instaló en su pecho, ofuscándola. Se encontró con los ojos de Vero y Eugenio.

---

1 **una frase hecha** frase fija que es de uso común o frecuente y expresa una sentencia a modo de proverbio o dicho sabio; *iron* sin decir en realidad nada – 1 **sentenciar** decir a modo de sentencia, asegurando la verdad de lo que se dice – 2 **y un cuerno** *loc interj coloq* para mostrar negación o rechazo – 15 **poner el dedo en la llaga** *loc* dar con el punto clave, fundamental o más conflictivo de un asunto – 20 **atrapar** *coloq* coger (*Esp*) uc que es difícil de alcanzar o se va rápido, se escapa – 21 **una pantalla** *dim* monitor – 22 **una línea** conexión telefónica, contacto – 26 **un resorte** *muelle*, pieza elástica que después producir una fuerza o impulso puede recuperar su posición inicial (Sprungfeder) – 30 **ofuscar** evitar uc pensar con claridad, confundir las ideas

—Un... momento, por favor —le dijo a su padre. Y apartando el móvil de sus labios se dirigió a ellos para explicarles—: Voy afuera, aquí no hay mucha cobertura.

Caminó hacia la puerta del bar, pasando por entre las mesas y los que esperaban para regresar al teatro. No volvió a llevarse el teléfono al oído hasta que se encontró en el exterior, a salvo. La tarde era muy agradable, sin el calor de la mañana. Una primavera suave.

Aunque ella tuviese ahora el invierno en su corazón.

—¿Papá?

—Hola, cariño... Si llamo en un momento inoportuno puedo...

—No, no, tranquilo —le detuvo—. No estaba haciendo nada; si no, lo habría desconectado.

Tragó saliva, pero el nudo que también acababa de aparecer en su garganta no descendió hasta el estómago, para llenar allí el vacío que completaba el cuadro de todos sus cambios.

El hombre siguió tomando la iniciativa.

—Es que tu madre me ha dicho que ibas a un casting...

—¿Has hablado con mamá?

—Sí, hace un rato, para decirle que las cosas van mejor, que tendrá el cheque sin falta y que esté tranquila.

—Ya.

No. Además del hielo en el corazón, el nudo en la garganta y el vacío en el estómago, sentía que se ahogaba y no podía respirar.

—¿Tu casting... es algo importante?

—Podría serlo.

—¿Cine, televisión, teatro...?

—No lo sé, papá; no nos lo han dicho.

Pensó en cortar la comunicación y desconectar el móvil. Pensó en ponerse a gritar. Pensó... Pero no hizo nada. El mundo giraba a su alrededor y ella ni se movía, permanecía quieta, asustada, igual que cuando era niña y cometía una tropelía. Si le odiaba tanto, ¿por qué tenía ganas de llorar?

Recordó al padre de Vero. Muerto.

—Lo conseguirás, seguro —la animó él.

---

6 **a salvo** *loc* libre de peligro – 14 **desconectar** apagar, interrumpir, detener una conexión eléctrica – 15 **tragar saliva** *loc coloq* soportar en silencio, sin protesta, algo que es desagradable, molesto u ofensivo – 16 **un nudo en la garganta** sensación de angustia que dificulta explicarse o hablar – 16 **descender** bajar; caer; fluir – 33 **girar** dar vueltas, moverse en círculo; *aquí:* muestra sensación de vértigo, mareo – 35 **una tropelía** *fig fam* algo contra las normas, travesura, maldad

—No sé, no es tan fácil.

—Si no es ahora, será mañana, o pasado, o al otro. Eres buena y lo sabes tú, que es lo principal.

¿De qué iba, de padre bueno?

5 Siempre había sido un padre bueno, hasta el día de la separación.

Tal vez la pregunta fuese otra.

¿Le necesitaba?

Las ganas de llorar se acentuaron cuando de pronto
10 descubrió que sí, y que aquella llamada era la más importante del día, de muchos días. Entonces el odio pasó a sí misma. Siguió latiendo pero se convirtió en una punzada. No podía apartarlo de su alma. El odio era enorme y necesitaba tiempo para desgastarlo, erosionarlo, hasta intentar hacerlo
15 desaparecer.

—Esperanza, cariño… —su padre rompió aquel inquietante silencio.

—Sí, sí, papá, perdona… Gracias.

—Te dejo, supongo que tendrás cosas que hacer. Solo quería
20 que supieras que…

Iba a cortar, y se agarró al móvil como si fuese el último salvavidas del Titanic.

—No, papá, espera.

—¿Sí?

25 No supo qué decirle. Todos aquellos meses rechazándole, apartándole, y no sabía qué decirle. Las palabras de Vero rebotaron por su mente: «Siempre será tu padre».

Y sin darse cuenta, escuchó a alguien hablando por ella, con su voz, con sus sentimientos, robándole los rescoldos de su
30 voluntad:

—¿Cómo estás, papá?

La emoción fue densa. Tan silenciosa como densa. Le llegó en forma de suave oleada desde el otro lado de la línea telefónica.

35 —Bien, cariño. Bien —susurró el hombre con un deje de ahogo en la voz—, aunque la mitad de mí siga en casa, y lo sabes.

---

22 **un salvavidas** objeto que flota en el agua y sirve para salvar vidas en los accidentes o situaciones de peligro – 22 **Titanic** famoso barco transatlántico que en su época fue el más grande y lujoso y que se hundió en su primer viaje al chocar contra un iceberg – 29 **un rescoldo** resto, residuo que queda de un sentimiento, pasión o afecto – 33 **una oleada** *fig* golpe, actividad de las olas – 35 **un deje** tono, gesto – 36 **el ahogo** angustia, agobio; sensación de faltar la respiración

## 52

Eugenio y Vero veían a Espe al otro lado del ventanal del bar, aunque de espaldas a ellos. La esbelta figura de la chica atraía toda su atención en medio del silencio en el que acababan de
5 abocarse sin apenas darse cuenta. Fue Vero la que terminó por reaccionar.

—Es buena tía —suspiró en un introvertido gesto de reflexión.

—Todo el mundo lo es —dijo Eugenio, exteriorizando su
10 forma de pensar.

—No estoy yo tan segura.

El chico la miró.

—Eres escéptica —elevó la comisura del labio en un intento de sonrisa.

15 —Llámalo así.

—Parece como si todo el mundo te hubiese hecho daño.

—El gran observador —se burló Vero.

—Me gusta ver a las personas, estudiarlas. Creo que un artista ha de observar a la gente, investigar la naturaleza
20 humana de cada cual.

—¿Todos los artistas, o solo escritores, cineastas…?

—Todos. Creo en la interrelación de las personas.

—El clásico romántico —apuntó Vero.

—No sé —dijo Eugenio.

25 —¡Oh, sí sabes! —ella asintió con aplomo.

—Lo dices como si fuera malo.

—Para nada. Pero hay golpes contra los que no puede romanticismo que valga. Entonces te acostumbras a navegar entre dos aguas. Por un lado, la vida es una mierda, y por el
30 otro, la vida es genial. Depende de cada momento.

—Eso es demasiado duro.

—Ya. Pero tú mismo lo has escrito así —tocó la libreta y la hoja de papel—. Blanco y negro.

Eugenio pensó que era demasiado vieja para él.

35 Y la miró con atención. Los ojos cargados de fuego, la delgadez casi extrema de sus facciones, aquellas ojeras inquietantes. Todo su atractivo se desvanecía por los recovecos

---

3 **esbelto** alto, delgado y de figura proporcionada; estilizado, elegante, bello – 5 **abocar** ir a parar, tener fin, acabar – 22 **la interrelación** correspondencia mutua entre personas cosas o fenómenos – 25 **el aplomo** seriedad, serenidad, seguridad – 28 **valer** servir de defensa o ayuda – 36 **una facción** *pl* cada una de las partes del rostro humano – 37 **un recoveco** *fig* rincón, esquina escondidos

de su nerviosismo. No paraba de moverse. Aunque quizás le conviniera una amiga así: directa y contundente. Su mundo, la música, vivía en el aislamiento de su propia casa, aquella habitación llena de instrumentos.

5 Recogió la libreta y la hoja de papel, lo guardó todo en su bolsa y apuró el último sorbo de su refresco de cola. Espe seguía hablando por teléfono de espaldas a ellos, tan inmóvil como una estatua. Su figura, flexible, luminosa, desprendía un eco inaudible. Vero siguió la dirección de su mirada.

10 —¿Te gusta? —preguntó de pronto.
—¿Qué? —despertó Eugenio.
—¿Que si te gusta?
—¿Quién, tu amiga?
—No, el camarero. ¡Pues claro que me refiero a ella!
15 —¿Hay alguien a quien no le guste? —fue sincero.
—A mí.
—Vale, quiero decir…
—Olvídalo —los ojos de Vero volvían a centellear.
Eugenio se sintió incómodo.
20 Pero Vero, mucho más. Se recordó a sí misma en el espejo de su casa, desnuda, y en el del baño del teatro. Gorda, fea. Todas las delgadas eran guapas; las gordas, no.
Creyó que le volvía la punzada y se asustó.
Fue una falsa alarma.
25 Pero la ansiedad no menguó. La obsesión por creerse obesa, por aquel kilo o dos de más. Y aumentada por descubrir que Eugenio le gustaba, y le gustaba mucho. Muchísimo. Sintió acelerar su pulso, los latidos de su corazón, el vértigo en su cabeza. Era como si toda ella estuviese corriendo o metida en
30 un tren de alta velocidad, y el mundo pasara a ambos lados a toda marcha. Deseó que Eugenio la mirara con aquellos ojos dulces. Deseó abrazarle, besarle, sentirle. Deseó que la tocara. Y que le escribiese aquella canción.
Una locura.
35 Ni siquiera le conocía, no sabía nada de él.
Pero sus sentimientos eran tan fuertes…
Tanto.

---

2 **contundente** que produce gran impresión en el ánimo, convenciéndolo – 9 **un eco** sonido que se repite al golpear en el aire contra uc – 9 **inaudible** que no se puede oír – 18 **centellear** *fig* echar chispas, brillar intensa e irregularmente – 25 **obeso** gordo, con sobrepeso – 28 **el vértigo** entusiasmo, furia, confusión, mareo

Fue entonces cuando estalló la pompa de jabón en su cabeza, cuando se dijo que nunca tendría a un chico como Eugenio, cuando la voz sonó en su mente y se rió de ella, cuando toda su fuerza se vino abajo, igual que otras veces.

5 Aquella curva que subía y bajaba, subía y bajaba…

Cuando estaba arriba se sentía fuerte y poderosa, segura; pero esa sensación solo duraba un momento. Después… el descenso a los infiernos.

Pensó que se estaba volviendo loca.

10 Espe regresaba ya a la mesa.

## 53

Vero se fijó en sus ojos. Los tenía húmedos. Y aún más bonitos. Le recordaron a los de Michelle Pfeiffer, sobre todo en las películas de los años noventa, con aquella mirada líquida,
15 de tintes casi siempre rojizos y asustados. Una mirada que invitaba a la compasión y la caricia. Una mirada vulnerable.

Espe era hermosa pero vulnerable, se dio cuenta de ello.

Y eso la hizo sentirse peor.

—Era mi padre —le dijo mientras se sentaba en su silla.

20 —Vaya —dijo con intención.

—Quería desearme suerte.

—¿Lo ves? —abrió las manos, con las palmas hacia arriba, en un gesto de evidencia.

—Pero sigue siendo…

25 No acabó la frase. No miró a Eugenio, pero las dos supieron que era por él. Vero le echó un vistazo al reloj e hizo chasquear la lengua.

Volvían a ser tres. Una extraña multitud.

—¿Qué clase de familia tienes tú, Genio? —utilizó su apodo
30 sin ocultar un deje de ironía.

—Normal —respondió él.

—Define normal.

—Pues padre, madre y una hermana más pequeña que yo.

---

1 **una pompa de jabón** burbuja que se forma echando aire en agua con jabón y que se sale de esta (*en alemán* se dice una "pompa de agua") – 8 **un descenso** descender, bajar, caer – 13 **Michelle Pfeiffer** actriz estadounidense muy famosa y símbolo de belleza sobre todo en los años 80 y 90 del siglo pasado – 16 **una caricia** acariciar, demostrar cariños rozando suavemente con la mano el cuerpo – 26 **chasquear** dar chasquidos (ruidos que se producen con la lengua al separarla de repente de la parte superior de la boca)

—¿Tu padre vive con otra, tu madre tiene un lío…?

—No —se echó a reír Eugenio.

—¿O sea que siguen juntos y todos felices?

—Llevan veintiún años casados.

5 —Entonces no digas que eso es lo normal; porque eso, hoy en día, es lo anormal. ¿Veintiún años juntos? La tira. Yo tengo a mi padre bajo tierra, mi madre está loca, y el de Espe se ha largado con una más joven y su madre está al borde del suicidio.

10 —¡Vero! —gritó Espe.

—¿Qué pasa, he dicho algo malo o que no sea cierto? —se defendió ella abriendo los ojos.

—¿Quieres callarte? —le recriminó Espe.

—¿Es por él? —Vero señaló a Eugenio—. ¡Bienvenido al club, 15 Genio! —se abalanzó sobre la mesa para darle un golpecito en el brazo—. Dicen que soltar las cosas en voz alta ayuda, ¿no?

—Pero si es que… —Espe no encontró las palabras adecuadas—. ¿Te has tomado algo o qué?

—¡Ya ves! —soltó una risa histérica—. ¡Un chute…!

20 —¿Siempre es así? —trató de bromear Eugenio dirigiéndose a Espe.

—¿Por qué no me lo preguntas a mí? —inquirió Vero.

—¿Siempre eres así? —repitió la pregunta Eugenio.

—¡Sí! —Vero apretó los puños mientras soltaba la afirmación, 25 más bien su enésimo latigazo verbal—. Si te relajas estás listo, amigo.

Espe parecía disgustada.

—¡Eh, eh! —Vero se abalanzó ahora hacia ella y le atrapó la mano. Su cara se dulcificó, pero no por ello borró de su mirada 30 y de sus facciones aquella ansiedad cada vez mayor—. Te ha llamado, ¿no? ¡Era él y te ha llamado para desearte suerte!

Espe intentó retirar la mano, pero Vero se lo impidió. La tenía bien cogida. Un tropel de sentimientos incontrolados le azotó la cara. Pensó en los nervios por aquella espera infernal, 35 después de todo un día de nervios y de todos los días previos de nervios.

---

1 **un lío** *Esp coloq* relación amorosa o sexual que se mantiene fuera de una pareja reconocida – 11 **cierto** verdadero, correcto – 15 **abalanzarse** lanzarse con fuerza en dirección a uc o up – 19 **un chute** *jerga* inyección, dosis de droga – 25 **enésimo** número indeterminado de veces que se repite algo – 25 **un latigazo** *fig* golpe semejante al que produce el *látigo*, objeto que sirve para animar a los caballos y que produce un chasquido peculiar (Peitsche) – 33 **un tropel** montón desordenado y en movimiento – 34 **azotar** pegar, golpear repetidamente como el viento y el mar

Era el casting.

Él.

Y también era por Eugenio.

—Vero...

5 Los de la mesa de la pelirroja se levantaron. Los de otra mesa hicieron lo propio. Con uno que diese el pistoletazo de salida bastaba. No querían volver los últimos al teatro. También los nervios tocaban techo. Si Xavier Recasens llegaba y empezaba a llamarlos sin darles tiempo para calentar un poco, para 10 mentalizarse después de aquel descanso forzado...

—Será mejor que volvamos —dijo Eugenio.

La presión de la mano de Vero cedió. Espe recuperó la suya. Pero sus ojos siguieron mirándose un par de segundos más.

—Vamos a ser muy amigas, ¿verdad? —musitó Vero con una 15 vehemencia tan llena de matices como sincera y ansiosa.


## 54

Apretaron el paso al salir del bar; no por gusto, sino porque todos los que los precedían en la vuelta al redil lo hicieron, y más al ver un coche negro y lujoso aparcado en la puerta 20 principal del viejo teatro. Nada más entrar en la gran sala rectangular en la que habían esperado antes, alguien les dijo que El Gran Hombre había llegado hacía un par de minutos. La espera tocaba a su fin.

Quedaba la segunda y definitiva, según el orden de salida de 25 los candidatos y candidatas.

Vero se olvidó de todo.

Espe se olvidó de Vero.

Eugenio se olvidó de sí mismo.

Vero miró los pasillos que comunicaban con el escenario.

30 Espe miró a Eugenio.

Eugenio la miró a ella.

Les bastó una sonrisa de ánimo.

---

6 **propio** conveniente, adecuado – 6 **un pistoletazo (de salida)** *fig* disparo de pistola que señala el comienzo de una competición de atletismo – 15 **un matiz** rasgo, tono que da un carácter especial a algo – 15 **ansioso** con ansia, muchas ganas, gran deseo – 17 **apretar** activar, tratar de llevar a efecto con prisa, urgencia – 18 **un redil** *fig iron* lugar cerrado donde se guardan animales; **volver al redil** *expresión* para indicar la vuelta al patrón o modelo que se espera de up – 23 **tocar uc a su fin** *loc* estar a punto de acabar, próxima a terminar, haber llegado el momento final

—Bueno, a por ellos, que son pocos y cobardes —susurró Vero.

Acababa de decirlo cuando apareció el hombre de apenas una hora antes, el coordinador alto y enjuto con cara de asesino y aspecto pasota. Se tomó su tiempo para mirarlos, como si los contara y quisiera estar seguro de que no faltaba nadie.

—Bueno, ya está, ¿veis? No ha sido tan grave —los saludó.

Nadie abrió la boca.

—Vamos a empezar en cinco minutos, ¿de acuerdo? —continuó el hombre—. Ahora voy a daros el orden de salida, para que estéis atentos. Y vale más que lo estéis —los previno con un dedo en alto que acabó apuntando hacia ellos—. Si cuando le toque al veinte no está esperando, entra el veintiuno y se acabó. ¿Queda claro?

Lo estaba.

—Veamos… —sacó un papel, doblado en cuatro partes, de uno de sus bolsillos. Lo desplegó y empezó a recitar sin más—: María Gloria Sanchisterra Pérez, número uno; Beatriz Marín González, número dos; Eladio Folch Camarasa, número tres; Asumpta Oliva Crespo, número…

Vero fue la número siete.

Espe, la ocho.

Eugenio, el diecisiete.

Los primeros ya se habían ido para comenzar a calentar a toda prisa, maldiciendo su suerte. Los del medio se lo tomaron con más calma. Vero y Espe aguardaron a que saliera el número de Eugenio. Después, los tres volvieron al rincón que habían ocupado al comienzo, al otro extremo de la sala.

Ya no había mucho que decir.

Solo ensayar.

Vero empezó a hacer flexiones y estiramientos.

Espe se sentó en el suelo y se tocó las puntas de los dedos de los pies con las manos, doblada sobre sí misma.

Eugenio también se sentó en el suelo, pero no hizo nada. Cerró los ojos y se concentró, en su respiración, en su mente.

Los tres, aislados, nunca habían estado más juntos.

---

1 **a por ellos, que son pocos y cobardes** *expresión* para dar ánimo en la competición o lucha – 8 **grave** serio, difícil, molesto – 18 **recitar** decir algo en voz alta, especialmente versos o poemas – 26 **maldecir** echar maldiciones contra uc o up

Eugenio estaba tranquilo.

Pasara lo que pasara, tendría su música, el bolo del sábado, el verano para afianzar el grupo o pensar qué hacer, la esperanza
5 de… Esperanza. Su nombre.

La idea de preguntarle si querría cantar con ellos, la posibilidad de verla a menudo, el sueño de creer que podía pasar algo especial.

El zen no servía si había un resquicio, una grieta, y sentía
10 aquel enorme hueco en su blindaje. Un espacio muy grande por el que se colaba ella.

Abrió los ojos un momento.

Espe estaba completamente doblada sobre sí misma, con las dos manos cogiéndose el pie izquierdo y la cabeza aplastada
15 sobre las piernas. Vero, en cambio, le miraba a él.

Sus ojos se encontraron.

Volvió a cerrarlos para tratar de concentrarse de nuevo.

Respirar, dejar la mente en blanco, pedirle al cuerpo el esfuerzo inmediato, subir, subir, subir… Había que subir
20 siempre, llegar arriba, a lo más alto. Al bailar se proyectaba directo al cielo. Al actuar vaciaba su alma. Al cantar se liberaba de todas las cadenas.

Percibió un movimiento y volvió a abrir los ojos.

Espe se había quitado la chaqueta. De cintura para arriba se
25 cubría ahora tan solo con un body de color verde. Resaltaba su talle, la curva de su cuerpo y la forma de su pecho…

¿Qué decía el zen de estímulos externos tan directos como aquel?

¿Cómo combatirlos?
30 Respirar, dejar la mente en blanco, pedirle al cuerpo…

---

4 **afianzar** hacer firme, asegurar, consolidar – 9 **un resquicio** posibilidad u ocasión para que ocurra algo – 9 **una grieta** dificultad o desacuerdo que amenaza la solidez o unidad de algo, está contra ellas – 10 **un hueco** espacio vacío – 10 **un blindaje** acción y efecto de blindar (proteger cerrando completamente el acceso a cualquier peligro exterior) – 11 **colarse** *coloq* introducirse, entrar a escondidas, con engaño o sin permiso en alguna parte

Espe sentía los músculos soltándose poco a poco. Casi podía escucharlos, percibir sus gemidos, el roce de cada articulación abriéndose, como piñas secas en el bosque. Y era un sonido
5 dulce, una música armónica. No existía dolor, solo libertad.

La eterna palabra.

Quería olvidarse de todo, pero sentía los ojos de Eugenio en su silueta, aunque no quería abrir los suyos y volver la cabeza para comprobarlo. No era más que otra sensación. Y le gustaba.
10 Un bálsamo protector sobre su piel.

Había otras sensaciones.

El efecto de la voz de su padre en su alma, la huella indeleble de aquellos sentimientos, la pugna entre su odio y su necesidad de amor. El ying y el yang de su equilibrio. Después de aquellos
15 meses de incertidumbres, aquella llamada era algo más que una excusa para desearle suerte.

Y tarde o temprano tendría que verle, y ver a... la nueva.

En secreto.

No soportaría a su madre preguntándole cómo era y qué...
20 ¿O sí?

Cuanto antes entendiera que todo había terminado, antes recobraría las fuerzas para vivir.

Vivir.

Se sintió insegura, débil, derrotada de antemano. Una vez
25 más. No lo conseguiría y perdería un nuevo sueño. Eugenio era tan distinto. Y Vero. Ella sí tenía carácter. Tal vez estuviese loca. Aquel nervio... Pero loca o no, era de las que lo conseguían o morían en el empeño.

Recordó el trabajo en el colegio, el metro, la falta de
30 dinero...

Era volver a eso o ganar.

¿Por qué no podía ganar?

Se tendió de espaldas al suelo, sobre la chaqueta, y elevó las piernas hacia lo alto. Se sujetó las caderas con las manos
35 afianzándose en los codos y empezó a dar pedaladas.

---

10 **protector** que protege – 12 **indeleble** que no se puede borrar o quitar – 14 **ying y yang** idea de la filosofía oriental que describe las dos fuerzas fundamentales aparentemente opuestas y complementarias que se encuentran en todas las cosas – 15 **la incertidumbre** ≠ certidumbre, seguridad, falta de duda – 24 **derrotado** ganado; vencido en el ánimo, deprimido – 24 **de antemano** loc anteriormente, con anticipación – 28 **conseguir up uc o morir en el empeño (o intento)** expresa que arriesga todo para alcanzar su meta prefiriendo quedarse sin nada a no tener éxito

No era más que un momento decisivo en el que tal vez se jugase parte de su futuro, su vida.

## 57

Vero miraba a Eugenio, sentado con los ojos cerrados y las piernas cruzadas, impasible. Estuvo a punto de preguntarle por qué lo hacía. Había abierto los ojos un momento para mirarlas a las dos, primero a Espe, luego a ella, primero a Espe, luego a ella. Ahora llevaba así un minuto, o dos.

Se dobló hacia adelante y se tocó las plantas de los pies, con los dedos primero y con las manos planas después. Era una pena que no pudiese hacer lo que más deseaba: recitar. Fallaba en la interpretación, ¿no? Pues debería estar declamando: «Ser o no ser».

Miró al resto de candidatos. Algunos ya se habían cambiado, llevaban bodies o ropa más cómoda. Ella no quería quitarse nada. No valía la pena. No quería que le vieran la barriga. Si dentro, en el escenario, se lo pedía Xavier Recasens, se quitaría lo de encima y en paz. Debajo llevaba un sujetador precioso, de encaje, que a veces había llevado por fuera, en las discotecas, como única indumentaria. Cuando iba a las discotecas, claro.

Ahora ya iba su madre por ella.

Se sintió perpleja al asaltarla una sorprendente pregunta, allí, en mitad de aquel mundo precario: ¿y si envidiaba a su madre?

Se lo negó a sí misma.

Su madre era un caso perdido. No tenía nada que ver. Y en cuanto a ella…, lo conseguiría, por sí misma y por su padre. Quería visitar su tumba llevándole la primera crítica que recibiese. Poder decirle: «Por ti, papá».

¿Ayudaban los traumas?

Porque si era así… iba lanzada al éxito.

---

5 **impasible** indiferente, que no demuestra emociones – 12 **declamar** recitar prosa o verso con la entonación y el gesto convenientes – 13 **"ser o no ser"** comienzo de una cita de *Hamlet*, de Shakespeare, una de las más famosas de la literatura universal – 18 **un sujetador** ropa interior que llevan las mujeres para cubrir el pecho – 19 **un encaje** bordado, puntilla – 20 **la indumentaria** vestimenta o ropa que lleva up para adorno o abrigo de su cuerpo – 22 **perplejo** desconcertado, confuso – 22 **asaltar** ocurrir de repente uc, sobrevenir *p ej* una enfermedad, un pensamiento, *etc* – 23 **precario** inseguro, inestable, pobre, limitado

No le dolía el vientre. La crisis había pasado. Ahora ya se sentía fuerte. Saldría a darlo todo, y después le pediría a Eugenio que se fueran a celebrarlo. Por la patilla. Con toda la jeta.

5   ¿Acaso no había escrito él mismo aquella frase: «Todos los corazones viven al renacer»?

Era el momento.

## 58

Llamaron a la primera candidata apenas cinco minutos 10 después. María Gloria Sanchisterra Pérez era una chica de complexión fuerte, no muy alta, de piernas sólidas y brazos firmes, con un agradable rostro clásico de la belleza española, moreno aceitunado, ojos negros y cabello prieto. Todos la vieron acceder a los pasillos que conducían al escenario con su 15 mezcla particular de emociones. Por un lado, existía el ánimo del compañerismo, de desearse suerte. Por el otro, el egoísmo de la realidad. Cada una o cada uno que lograra hacerlo bien, convencer al "jurado" calificador y pasar, restaba posibilidades a los siguientes. Si había diez plazas que cubrir, era imposible 20 que todos fueran aceptados. Así que el momento de la verdad era también el momento de la realidad y la honestidad.

A lo lejos, muy a lo lejos, se escuchó una música.

Siguieron con sus ejercicios, pero mirando el reloj de soslayo, para saber con cuánto había contado la primera.

25   Cuando salió, habían transcurrido siete minutos.

Una eternidad para según qué, muy poco para demostrar calidad.

Con cara de aburrido, el coordinador presenció el cambio. María Gloria Sanchisterra Pérez se cruzó con la segunda 30 candidata: Beatriz Marín González. No se miraron. La saliente tenía la vista fija en el suelo y cara de concentración. Sudaba. La entrante miraba al frente, segura. Se movía como una

---

3 **por la patilla** *loc coloq* gratis, sin pagar; *aquí:* porque sí, sin nada a cambio –
13 **aceitunado** del color o tono de la aceituna verde – 13 **prieto** duro, denso, oscuro –
16 **el compañerismo** camaradería, amistad, solidaridad – 18 **un jurado** tribunal que examina y califica en concursos o certámenes; en general, institución de la justicia que debe establecer un juicio sobre la inocencia o culpabilidad de up – 18 **calificador** que califica, determina las cualidades de uc o up – 21 **la honestidad** cualidad de honesto, decente, honorable, justo, recto

bailarina de ballet, pisando primero con la punta del pie antes que con el talón.

Algunas chicas rodearon a la primera para preguntarle qué tal, qué le habían pedido que hiciera, cómo le parecía que era…

María Gloria Sanchisterra Pérez se puso a llorar.

Espe, Vero y Eugenio, desde lejos, no supieron si era por haberlo hecho mal o si era por soltar los nervios después de toda la tensión. Las dos chicas intercambiaron una mirada fugaz. Espe puso cara de pánico, con los labios rectos. La de Vero no reflejó hada. Eugenio cerró los ojos y mantuvo su actitud de serena reflexión.

Después de todo, él iba en el lugar número diecisiete, así que tenía tiempo de hacer estiramientos y entrar en calor.

Transcurrieron otros nueve minutos.

Y Beatriz Marín González apareció sonriente y feliz, convencida de sus posibilidades, con los ojos muy abiertos y mucha expectación. La rodearon tres chicas más para asaltarla a preguntas mientras Eladio Folch Camarasa, el primero de los chicos, le tomaba el relevo en el escenario. María Gloria Sanchisterra Pérez continuaba en la sala, sentada en el suelo, como perdida. Por el contrario, Beatriz Marín González empezó a recoger sus cosas para marcharse corriendo. Ya no estaba allí cuando, cinco minutos después, salió Eladio Folch Camarasa.

Hubo un rumor: las chicas tenían más tiempo que los chicos.

O tal vez fuera que el tal Eladio era tan bueno que ya los había convencido… o tan malo que no había sido necesario más, aunque si fuera malo no le habrían citado al segundo casting.

Cada cual tuvo su elucubración, sus sospechas, su forma de entender los cambios. Dependía de su buen o mal humor, de su visión positiva o negativa.

Asumpta Oliva Crespo era la pelirroja.

La número cuatro.

Quedaban tres para Vero.

---

2 **un talón** parte posterior del pie (Ferse) – 10 **fugaz** velocidad y rápido, muy breve – 12 **sereno** tranquilo, apacible, relajado – 32 **una elucubración** elucubrar, imaginar sin mucho fundamento ideas complicadas con apariencia de profundidad

La vieron entrar con su melena al viento, adornada con una sonrisa de suficiencia y superioridad. Ella sí. Ninguna parecía más segura. Algunos ojos femeninos la observaron con envidia. El resto mantuvo la indiferencia.

5 Volvió a transcurrir el tiempo.

Despacio.

Rápido.

Vero tenía los ojos fijos en Espe y en Eugenio. Uno y otro. Eugenio ya no los abría hacía rato. Había logrado la 10 concentración o lo que quiera que estuviese haciendo. Espe lo miraba de vez en cuando, volviendo la cabeza por un movimiento o de manera más disimulada. Tres o cuatro miradas a Eugenio por una a su compañera. Vero se mordió el labio inferior.

15 Y tras llenarse los pulmones de aire, se acercó a Espe.

## 59

Espe se la encontró casi encima al sentir su presencia. Volvió la cabeza y vio el rostro determinado y serio de Vero. Dejó de flexionar el torso sabiendo que iba a decirle algo.

20 —¿Puedo pedirte un favor? —dijo Vero.

—Sí.

—No quiero que te enfades…

—No voy a enfadarme.

—Eso espero —suspiró Vero.

25 —¿De qué se trata?

—Déjamelo.

La palabra fue llana, directa, y sobre todo muy sincera. Implicaba una súplica tanto o más que una petición, aunque la cara de Vero permaneciera estática, impasiblemente seria. 30 Espe frunció el ceño.

—¿Que te deje qué?

—Ya sabes a qué me refiero —miró a Eugenio, arrastrando con esa mirada los ojos de la propia Espe.

—¿Él?

35 —Sí.

---

27 **llano** sencillo, claro – 27 **sincero** verdadero, sin falsedad o hipocresía – 28 **implicar** contener, suponer, traer consigo, significar – 28 **una súplica** pedir con humildad

—Sigo sin entender…

—Me gusta —dijo Vero.

Fue un disparo al centro de su mente y de su corazón. Espe lo sintió, atravesándola. Vero era rápida. ¿Y ella? Se quedó mirando a Eugenio, que, ajeno a todo, era lo más parecido a una estatua. La luz que le daba de lado lo convertía en un tótem. Y los reflejos de su figura lograban la santidad absoluta. Una bella estampa.

Espe sintió rabia, pero también impotencia.

Y piedad.

Cuando una chica le pedía algo así a otra era por muchas razones, y todas tenían que ver con la inseguridad, el miedo, esa misma impotencia.

—¿Vas a ir a por él? —se dirigió a Vero.

—Fijo.

—¿Y si no…?

—¿Si no qué?

—Si él pasa.

—Ya veremos —sus ojos se volvieron del color del acero—. ¿Te gusta a ti?

Espe valoró la pregunta un segundo. La verdad era que no lo sabía. Sí, tal vez, por lo de los poemas, porque parecía diferente, porque era especial, por su halo romántico… Porque no quería salirse sin más.

Porque sentía como si Vero quisiera absorberlo todo.

Y ni siquiera eran amigas íntimas… ¿O ya sí?

Se encogió de hombros demasiado tarde.

—Te gusta —afirmó Vero con cansancio.

—¡Que no, mujer! —Espe reaccionó con enfado—. ¡Jo, todo te lo montas tú sola! Me ha caído bien, eso es todo. Me parece un buen tío.

—Voy a esperarle cuando termine él.

—O sea, que yo he de largarme ya mismo con la excusa que sea.

—Si pierdo, quiero que me consuele. Si pierde él, quiero consolarle yo. Si perdemos los dos, nos consolaremos mutuamente.

---

7 **un tótem** ser u objeto de la naturaleza, generalmente un animal, que en la mitología de algunas sociedades se toma como emblema o símbolo protector – 7 **la santidad** cualidad de santo, puro – 8 **una estampa** figura, imagen – 10 **la piedad** sentimiento de amor, respeto y compasión hacia los demás – 15 **fijo** con seguridad, seguro – 19 **acero** metal muy duro (Stahl) – 23 **un halo** aureola, aura – 33 **largarse** *coloq* irse sin decir nada, desaparecer rápidamente

—Te queda una. ¿Y si pasáis los dos?

—¿Lo harás? —quiso saber Vero.

Espe supo que no quería, y no por Eugenio, sino por ella misma.

Nunca se había rendido.

Vero no tenía derecho.

—Claro.

¿Lo había dicho ella? ¿Cómo? ¿Por qué? La oleada de rabia la desbordó, sepultándola en un marasmo de dolor.

—Te debo una —Vero le dio un beso en la mejilla.

—Estás loca —se rindió Espe.

—Supongo que sí —reconoció Vero.

Y se apartó de su lado para continuar con los ejercicios.

## 60

La pelirroja cedió su puesto al siguiente aspirante, otro de los chicos, uno alto, espigado, rubio teñido, con pinta de modelo por la forma de andar. Era el número cinco. La pelirroja reaparecía con la misma sonrisa de suficiencia con que había entrado, como si aún le quedasen menos dudas. Ni siquiera parecía que hubiera sudado. Su imagen etérea causaba impacto.

Vero la odió.

Se estiró hacia arriba demasiado rápido y entonces la punzada reapareció.

La primera vez había sido dolorosa; la segunda, angustiosa. Esta tercera fue como si todo su ser se concentrara en un único punto, alma, esencia, carne, sensaciones… Y como si le prendieran fuego, o la mordieran, o…

Se dobló sobre sí misma y tuvo que buscar el apoyo de la pared más cercana para no caer en redondo al suelo. Quedó allí, apoyada, con la frente hundida en un desconchado, mientras aquella herida invisible crecía y crecía hasta confundirse con

---

9 **desbordar** sobrepasar la capacidad intelectual o emocional de up; pasar el borde, el límite de lo que puede resistir – 9 **sepultar** hundir, concentrar, deprimir el ánimo – 16 **espigado** alto y delgado – 16 **teñido** teñir: cambiar el color, dar un color a uc encima del que tenía – 16 **una pinta** aspecto exterior – 30 **caerse redondo** *loc* caer al suelo por un desmayo u otro accidente – 31 **hundir** *fig* meter, introducir – 31 **un desconchado** parte de una pared que ha perdido su capa protectora

todo su ser. Algo la estaba destrozando por dentro. Algo la torturaba desde el infinito acotado de su cuerpo herido por lo desconocido. Alguien la odiaba.

Y se estremeció al pensar que tal vez pudiera ser ella misma.

5 —No, no… —gimió.

No podía respirar. Si lo hacía, le dolía más. Y si no respiraba, se ahogaba. Cualquier gesto la conmocionaba hasta el punto de aniquilarla. Sus terminaciones nerviosas eran sacudidas como una estera. La mano invisible las pellizcaba y retorcía 10 una a una.

Logró mover la cabeza. Espe estaba de espaldas, no se había dado cuenta de nada. Y Eugenio continuaba con los ojos cerrados. Nadie reparaba en ella. Ahora todos y cada uno de los allí reunidos tenían algo más importante y urgente en que 15 pensar. Si se moría, la mayoría se alegraría. Una competidora menos.

El casting, solo eso importaba.

El maldito casting.

No quería morir. Quería vivir. Y ganar. Y triunfar.

20 Esperó que menguara el dolor, como las dos veces anteriores. Tenía que tomárselo con calma. Solo eso. Superarlo despacio. Estaría como nueva en un par de minutos, quizás cinco, diez a lo sumo. Tenía tiempo.

Tiempo.

25 Contó hasta diez, despacio, y respiró. Volvió a contar hasta diez, despacio, y respiró más profundamente. Una tercera cuenta, despacio, y se puso en movimiento.

Llegó hasta Espe.

—Oye…

30 —¿Qué? —Espe se volvió demasiado rápido, demasiado tensa, con los ojos endurecidos y el semblante atravesado por un rictus de seriedad. Cambió al verle la cara—. ¿Qué te pasa?

—Ha vuelto… la punzada —dijo Vero con dificultad.

—¿Quieres que…?

35 —No, tranquila… Voy al… lavabo. Me recu…peraré…

—Voy contigo.

---

1 **destrozar** destruir, romper – 2 **acotado** espacio delimitado para reservarlo a un uso concreto – 2 **herir** dañar, causar daño – 7 **conmocionar** impresionar, sacudir – 8 **aniquilar** destruir completamente, reducir a la nada; agotar – 9 **una estera** tejido textil grueso que sirve para cubrir el suelo de las habitaciones y para otros usos – 9 **pellizcar** coger (*Esp*) una porción de piel y carne y apretar de forma que cause dolor – 9 **retorcer** torcer mucho uc, dándole vueltas alrededor de sí misma, doblándola – 31 **tenso** que tiene angustia, impaciencia o tensión emocional (por un examen, *p ej*)

Vero le puso una mano en el pecho.

Bastó su mirada disuasoria.

Después se alejó de ella caminando con paso vacilante pero decidido.

5 **61**

Eugenio abrió los ojos tras la larga sesión de concentración y toda su sensación de libertad chocó con la escena que tenía frente a los ojos, igual que un premio.

Espe estaba sola.

10 Buscó a Vero y la localizó en el acceso a los pasillos que comunicaban con el escenario. Pensó que era su turno y que la siguiente sería ya Espe. El tiempo se había evaporado de su mente. Se puso en pie.

Toda su vida había sido tímido. Lo único que tenía era su

15 música. Nada más. Su música y sus sueños como artista. Pero eso no significaba que pudiera reunir el valor o el desparpajo suficientes para hacer frente a la vida en determinadas situaciones.

Algo de lo que empezaba a estar harto.

20 Si dejaba pasar las oportunidades, tendría cada vez menos.

Tomó aliento al darse cuenta de que había dejado de respirar.

Si Espe era la siguiente, disponía de apenas unos minutos.

Se acercó a la chica, que tenía la vista perdida en el lugar por

25 el cual acababa de desaparecer Vero. Se imaginó que estaría sufriendo por ella. Las amigas sufrían unas por otras. Al llegar a su lado, Espe se dio cuenta de su presencia y le dirigió una mirada cargada de dudas y temores. No le dio tiempo a decir nada, porque entonces el que no hablaría sería él.

30 —Escucha, yo… —comenzó a decir.

Espe suavizó su *expresión*.

—¿Sí?

—Me gustaría llamarte algún día —completó su osadía.

---

2 **disuasorio** que disuade, mueve a dejar o abandonar una idea o propósito de hacer uc – 3 **vacilante** inseguro, poco firme – 12 **evaporar** desaparecer, quedarse en nada – 16 **el desparpajo** gran facilidad para comportarse con naturalidad, libertad y atrevimiento – 33 **la osadía** valor, atrevimiento

No hubo reacción, salvo un leve destello en la mirada, hasta que Espe la dirigió de nuevo al fondo, allá donde se suponía que estaba Vero.

—Ya —suspiró.

5 —Bueno, no solo es por si algún día... También está lo del sábado, ¿recuerdas? Para decirte el lugar y la hora...

Sonó a excusa. De hecho acababa de acordarse de ello en ese instante. Pero lo encajó bien. Espe seguía pareciendo confundida. Ahora bajó los ojos al suelo.

10 —Sí, lo del sábado —volvió a suspirar.

Eugenio no supo si estaba incómoda por la petición o si era por algo más. El rostro de Espe era dulce, pero en los ojos flotaba un brillo dolorido y casi de amarga burla.

Y escuchó lo inesperado.

15 —Le gustas a mi amiga, ¿sabes? —dijo la chica.

Eugenio frunció el ceño. Las palabras primero, y la intención después, entraron en su mente buscando huecos donde quedarse y crecer. Fue un largo viaje. Se quedó muy cortado.

—Verás, yo... —volvió a hablar Espe.

20 —Tranquila —Eugenio levantó una mano—. Lo siento.

Dio media vuelta para irse, pero solo alcanzó a dar un paso.

—Dos, cero, uno, siete, nueve... —le detuvo la voz de Espe.

## 62

En el baño, frente al viejo espejo, Vero tenía la cara húmeda 25 por el agua. Las gotas caían en tropel hacia abajo saltando hasta el suelo desde su barbilla. La imagen reflejada se le antojó aún peor que la del rato anterior. Era como si algo la estuviese devorando por dentro. Sentía las mordeduras de un animal enfurecido, loco, que buscaba destrozarla. También las 30 articulaciones se le estaban acartonando.

Y era el momento decisivo.

O se recuperaba por tercera vez y salía o...

—Vamos, vamos... ¿Qué pasa? —le preguntó a la chica del espejo.

---

8 **encajar** coloq recibir un golpe, soportar una decepción dura aceptándola – 18 **cortado** sin palabras, confuso, tímido – 30 **acartonarse** secarse, volverse rígido

Y la chica del espejo no le contestó, solo siguió mirándola fijamente a los ojos, llena de una desesperanza angustiosa. Así que volvió a decirle:

—¿Nervios? ¿Estás nerviosa? ¿Tú? ¡Vete a la mierda!, ¿quieres?
5  ¡A la mierda!

¿Y si no eran nervios?

Vero se miró la mano derecha, extendida y con los dedos abiertos. Temblaba. Los espasmos iban y venían. El terremoto interior, con epicentro en su vientre, era de escala máxima.
10  Se odió a sí misma.

—Es tu oportunidad y no vas a perderla —continuó hablándole a la chica del espejo—. Vas a salir ahí afuera y harás la prueba, y si después te mueres… te mueres. Pero no antes. ¡Joder, tía, vamos!
15  Su oponente le habló de miedo sin necesidad de que abriera la boca.

¿Por qué todos los espejos mentían?

No eran más que imágenes del pasado, imágenes que ya no existían porque no eran reales. Lo mismo que al mirar una
20  estrella del cielo sabes que su luz existió hace millones de años y es ahora cuando llega a la Tierra, en un espejo vemos lo que se proyectó en él una millonésima de millonésima de segundo antes. Así que estaba viendo siempre su propio pasado, lo que era en esa millonésima de millonésima de segundo antes.
25  Quizás estaba ya muerta y lo siguiente que vería…

Se llevó una mano a los ojos para no verse más.

Y se resistió a llorar.

Eso no. Nunca, nunca lloraba. Ni cuando su madre le daba una bofetada como la de aquel día, ni cuando se sentía
30  destrozada sin saber por qué.

Llorar no.

—Piensa en él. Es especial y lo sabes. Te gusta. Te gusta mucho…

Se apartó del lavabo y del espejo. Se pasó el antebrazo por
35  la cara para secársela y las manos por la parte de atrás del pantalón. Con paso vacilante, salió del baño.

El candidato número cinco había terminado su prueba. Se cruzó con él y con la candidata número seis, que iba al

---

4 **(vete) a la mierda** *expresión vulg* para rechazar a up o uc que hacer con enfado, desagrado, *etc* – 9 **un epicentro** *fig* punto de la superficie de la Tierra bajo el cual se origina un movimiento sísmico y en el que, por tanto, es mayor su intensidad – 9 **un vientre** estómago – 22 **una millonésima** cada una del millón de partes iguales en que se divide un todo

escenario. Vero iba con la vista hundida en el suelo, así que no les vio la cara.

Era la siguiente.

La número siete.

5 —Aguanta… —masculló apretando los puños.

## 63

Espe la vio llegar, y también Eugenio; pero fue Espe quien caminó hacia ella casi corriendo al ver su aspecto y su manera de moverse, igual que un muñeco roto y desarticulado.

10 —¡Vero, por Dios…!

—¿Qué? ¿Qué pasa? —levantó la cabeza como si no entendiera el motivo de su preocupación.

—¿Qué tienes?

—¿Yo? Nada, ¿por qué?

15 —¡Cómo que nada! —Espe la sujetó por los brazos—. ¡Pareces a punto de desmayarte!

—¡No digas tonterías!

Quiso apartarla para seguir caminando hasta su bolsa, pero su compañera no la dejó.

20 —¡No puedes salir así!

—¿Quién lo dice? —la desafió con la mirada.

—¡El sentido común! ¡Lo dice el sentido común!

—¿Quieres que me retire? ¿Es eso? ¿Todo para ti? —miró a Eugenio, inmóvil al fondo.

25 —Vero, basta ya, ¡por Dios! ¿Has visto qué cara tienes? Y además… estás temblando —quiso ponerle una mano en la frente—. Cariño…

Vero se la rechazó.

Llegó a desafiarla con una mirada cargada de súbita 30 animadversión.

Espe se rindió. Pero casi a continuación se cansó de aquel juego. Y por primera vez atacó.

Se sintió harta.

—¿Por qué no lo afrontas? —preguntó.

35 —¿Qué es lo que he de afrontar?

---

5 **mascullar** *coloq* hablar entre dientes o pronunciar mal las palabras – 16 **(estar) a punto de** + INF *loc* estar cerca de hacer uc – 22 **el sentido común** modo de pensar y proceder tal como lo haría up normal y sana, juzgar de forma razonable – 30 **la animadversión** enemistad, odio, antipatía – 34 **afrontar** enfrentarse a un peligro, problema o situación difícil

—¿Has comido algo hoy?

—¿Hoy, con la prueba? —Vero hizo un gesto de sarcasmo—. ¿Estás loca? ¿Acaso has comido tú?

—Sí, igual que cada día.

5 —Perfecto.

—¿Cuánto hace que no comes? —insistió Espe.

La furia invadió a Vero.

—¿Eres mi madre o qué? ¡Déjame en paz!

Trató de apartarla, pasar por su lado. Solo lo consiguió a
10 medias. Tuvo que lanzarle su mirada más agresiva para que Espe aflojara. Fue una lucha silenciosa. Ira y desesperación frente a desconcierto y miedo. Ganó Vero.

—Voy a pasar esa prueba, ¿de acuerdo? Y ahora quítate de en medio, que me va a tocar.

15 Continuó caminando, con su paso cada vez más vacilante.


## 64

Eugenio se sentía mejor de lo que jamás hubiera imaginado en un momento como aquel. De lo que hubiese podido soñar por la mañana o tan solo unas horas antes. La sensación de
20 paz era tan genuina que la prueba le importaba ya muy poco.

Aquel número de teléfono, la cara de Espe al dárselo y su sonrisa de dulce aliento habían sido una revelación, una puerta abierta.

Y aunque la prueba ya fuese lo de menos, sabía que estaría
25 bien, y que la pasaría. Lo sabía.

Actuarían juntos y le propondría lo de cantar con el grupo y…

Cada vez que la miraba, la encontraba más guapa.

Como en aquellos instantes, discutiendo con Vero, que
30 parecía más y más extraña, más y más rara. No tenía buen aspecto.

Pensó en acercarse a ellas.

Pero se abstuvo.

---

7 **invadir** conquistar, ocupar – 11 **aflojar** disminuir la presión o tensión – 11 **la ira** enfado tan violento que no se puede controlar, rabia, furia – 20 **genuino** auténtico, puro – 22 **el aliento** ánimo, estímulo – 22 **una revelación** manifestación de una verdad secreta u oculta – 33 **abstenerse** privarse de uc, evitar hacerla por propia decisión, realizar abstinencia

Era cosa de las dos. Eran amigas. Las chicas tenían extraños códigos, misterios y secretos. Todo un mundo que desconocía. Además, Espe le había dicho el secreto de Vero.

Pobre Vero…

5 Las vio discutir. Vero apartaba la mano de Espe. Espe intentaba sujetarla. Vero la rechazaba. ¿Se estaban peleando? Vero comenzaba a caminar otra vez, pero su paso no podía ser más vacilante, más…

—¡Vero!

10 Su grito se confundió con el de Espe. Fue un doble eco. Los dos echaron a correr al mismo tiempo.

Cuando llegaron hasta ella, Vero había caído al suelo completamente inconsciente.

## 65

15 Espe le cogió la cabeza y se la levantó un poco, en parte para examinar si se la había golpeado al caer y en parte para que la apoyara en sus manos a modo de almohada. Eugenio le puso una mano en el cuello, buscando su pulso, y con la otra hizo lo mismo sujetando una de sus finas muñecas. Los dos se 20 miraron llenos de angustia.

—Dios… —gimió Espe.

El resto de los chicos y chicas del casting se acercaron corriendo. Había cundido la alarma. La primera en llegar fue la pelirroja.

25 —¿Qué le ha pasado?

—Vero, Vero… —la llamó Eugenio.

Tenía el rostro muy blanco. Lo único oscuro eran las ojeras, ahora marcadas como carbones negros en mitad de su blanca faz.

30 Se puso a temblar.

—¡Vero! —gritó Espe.

—¿Alguno de vosotros estudia medicina o sabe algo de…? —preguntó Eugenio.

Nadie dijo nada.

---

2 **un código** sistema de signos y reglas que permite formular y comprender un mensaje; *coloq fig* lenguaje propio que sólo un grupo comprende – 10 **confundir** mezclar cosas diferentes, equivocar – 11 **echar a + INF** dar principio a una acción, comenzarla – 19 **fino** delgado, delicado – 19 **una muñeca** donde se aticula el brazo con la mano – 23 **cundir** extenderse hacia todas partes – 29 **una faz** rostro o cara

—¡Apartaos, dejadla respirar! —pidió Espe, moviendo una de sus manos en abanico mientras con la otra seguía sujetando la cabeza de Vero.

—Son los nervios —comentó una voz.

5 —Le ha dado un pasmo, eso es todo —dijo otra.

—Con lo delgada que está… —apuntó una tercera.

No sabían qué hacer. Todos estaban congelados, como la escena. Congelados en torno al cuerpo de Vero, que seguía temblando con espasmos cada vez más irregulares.

10 Una figura más se incorporó al círculo. Era el coordinador del casting. Su cara no era precisamente de simpatía.

—¿Pero qué pasa aquí? —le oyeron gritar antes de asomarse a la escena. Y al ver a Vero cambió de tono para soltar un estupefacto—: ¡Coño!, ¿se ha desmayado?

15 Todos miraron a Espe.

—Creo que lleva dos o tres días sin comer; puede que más —comentó ella.

—Hay que llevarla a su casa —fue directo el hombre—. Aquí no tenemos nada para atenderla. ¿A quién le toca?

20 —A ella —dijo Eugenio.

—¿A ella? —la cara del coordinador fue un poema—. ¡Joder! ¡Pues sí que…!

Espe lo comprendió. No iban a detener nada. *The show must go on.* El espectáculo debe continuar. Para ellos no era más que 25 un desmayo, una menos. Adiós. Una loca capaz de no comer y de desmayarse cinco minutos antes de su prueba.

—Lo siento —suspiró el hombre—. ¿Quién tiene el número ocho?

Eugenio miró a Espe.

30 Y Espe miró a Vero.

—Vamos, ¿quién es el siguiente? —insistió el coordinador.

—Yo —Espe le lanzó una mirada envenenada desde el suelo.

—Pues prepárate. Vas a salir.

---

2 **en abanico** *loc* en forma de abanico, instrumento que sirve para darse aire cuando hace calor; se abre formando un semicírculo – 5 **un pasmo** *Esp* parálisis, desmayo por efecto de una pasión extrema, como asombro – 6 **apuntar** señalar, indicar – 7 **congelado** acción de congelar, detener el movimiento de una escena, plano o imagen (*p ej* en cine o televisión) – 19 **atender** cuidar de *up*; prestar atención – 23 **detener** parar – 24 **el espectáculo debe continuar** frase de los artistas que indica que no puede interrumpirse el espectáculo por ninguna razón; destaca la ética y entrega, pero también la dureza de su trabajo – 32 **envenenado** *coloq* con mala intención, dañino

La distancia entre las palabras del hombre y la respuesta de Espe fue corta, apenas uno o dos segundos, pero a todos les pareció que era mucho más, la mayor de las esperas. La voz de la chica sonó igual que un cuchillo invisible cortando el aire
5 súbitamente frío de aquellos momentos.

—No voy a salir.

—¿De qué estás hablando? ¿Te has vuelto loca?

Espe habló desde una nueva serenidad.

Miró a Vero y lo dijo.

10 —Es mi amiga —suspiró.

—¿Y qué? Sales, haces tu prueba…

—He de llevarla a su casa —dijo Espe acariciándole la mejilla a Vero.

—¡Esto es la leche! —gritó el hombre—. ¿Vas a perder tu
15 oportunidad después de haber pasado la primera prueba?

Espe sonreía con dulzura.

Se encontró con los ojos de Eugenio.

—Alguien tiene que hacerlo —se encogió de hombros la chica.

20 Eugenio le devolvió la sonrisa.

—¡Si te vas…! —volvió a gritar el coordinador.

La mano de Eugenio atrapó la de Espe.

—Te acompaño —musitó.

—No, tú no… —le dijo ella con dolor.

25 —Sí, yo sí.

—Pero…

—No es más que una prueba, ahora lo sé. Habrá otras —se encogió de hombros, y poniéndose en pie anunció—: Voy a por un taxi. Llevadla a la puerta, ¿de acuerdo?

30 Fue como descubrir que estaban solos, los tres: Vero, Espe y Eugenio.

Nadie más.

Ni los gritos del coordinador lograron atravesar su nueva inmunidad.

20 **devolver** corresponder

# Epílogo

*(13 meses después)*

Eugenio detuvo la moto con suavidad y dejó que Espe bajara primero. Los dos se quitaron el casco al mismo tiempo, y mientras ella agitaba la cabeza para aliviar el calor pese a su cabello corto, él se preocupó de pasar la cadena de seguridad entre los cascos y la rueda trasera. Una vez cumplimentado el ritual, se cogieron de la mano y echaron a andar hacia el edificio.

No hablaron hasta pasar por la recepción y subir a la primera planta. La habitación estaba vacía, así que salieron de ella y buscaron a una de las enfermeras.

—¿Dónde está Verónica Amat, por favor? —preguntó Espe.

—En el jardín —la informó la mujer—. Es la hora del paseo.

—Gracias.

Regresaron a la planta baja, pero no salieron por el lugar por el que habían entrado, sino por la parte posterior. El jardín, amplio, arbolado, se perdía en una gran extensión de terreno verde y agradable, con parterres llenos de flores. Había personas sentadas en bancos y en sillas, otras paseaban, algunas más hablaban con familiares. Las que tenían aspecto de pacientes, por ir con batas o ropa del centro, eran mujeres, en su mayoría chicas jóvenes. Varias estaban tan delgadas que necesitaban ayuda para moverse. Otras eran sombras. Una les dio miedo por su cadavérica imagen. Buscaron a Vero sin encontrarla y tuvieron que volver a preguntar.

—La he visto por el bosquecito, por ahí —les indicó otra enfermera.

Caminaron en dirección al lugar señalado y entraron en un mundo de silencio y paz a medio camino entre el cielo y la tierra. Primero pensaron que allí no había nadie. Hasta que Espe le apretó la mano a Eugenio y, cuando él la miró, no tuvo más que seguir la dirección de sus ojos.

---

7 **cumplimentar** cumplir con una formalidad necesaria – 10 **una recepción** en hoteles, *etc* lugar para recibir e inscribir a visitantes en la entrada – 19 **un parterre** parte de un jardín con hierba, flores y anchos paseos – 22 **un paciente** enfermo bajo atención médica, que sigue un tratamiento – 24 **una sombra** *aquí:* ser up apariencia o semejanza oscura de lo que fue

Vero estaba sentada en el suelo, bajo un gran árbol cuyas frondosas ramas se extendían por encima de su cabeza sepultándola en una enorme sombra. A menos de diez metros transcurría un riachuelo cristalino que serpenteaba por un
5 trazado artificial de rocas.

—Esto es el paraíso —susurró Eugenio.

Caminaron hasta ella.

Mientras lo hacían, la observaron en silencio. Llevaban tres meses sin verla, y su aspecto había mejorado. Todavía estaba
10 delgada, muy flaca, pero se notaba el nuevo color de su piel. Ya no iba con ropas holgadas y cerradas; ahora llevaba una blusa que le dejaba los brazos al aire y también una falda por la que asomaban sus piernas delgadas como las ramas del árbol. Vero volvió la cabeza y los vio.

15 Sus ojos se llenaron de luz.

—¡Eh, pareja! —exclamó.

No la dejaron levantarse. Espe se echó en sus brazos arrodillándose en el suelo. Eugenio esperó a que ella terminara para hacer lo mismo y darle un beso en la mejilla. Espe logró
20 contener la emoción, detener la humedad de sus ojos. Se mordió el labio inferior.

—Tía, estás genial… —suspiró.

—Sí, ¿verdad? —asintió Vero.

—Jo, qué cambio —dijo Eugenio.

25 —Estoy muy bien. Saldré pronto.

—¿En serio?

—Sí, de verdad. Ya no me veo gorda —se encogió de hombros como una niña pequeña que reconoce una falta—. Ese es el primer paso.

30 —Es cuestión de tiempo —Espe tenía una de sus manos entre las suyas.

—Lo sé, pero se me está haciendo eterno. Hay tantas cosas que hacer ahí afuera, y he perdido tanto tiempo…

—Cuando salgas nos echaremos a temblar —dijo Espe, y
35 puso una voz aguda para gritar en voz baja—: ¡Vero ha vuelto, cuidado!

---

2 **frondoso** con muchas hojas y ramas – 4 **un riachuelo** río pequeño y con poco corriente – 4 **cristalino** parecido al cristal – 4 **serpentear** moverse o extenderse formando vueltas y giros como la serpiente – 5 **un trazado** recorrido o dirección de un camino, canal, *etc*, sobre el terreno – 5 **artificial** ≠ natural – 5 **una roca** piedra muy dura y sólida – 28 **una falta** error; hacer uc contra las normas – 32 **hacerse** parecerle uc a up otra diferente

Se rieron los tres.

—¿Y vosotros? —Vero los abarcó con una mirada de ternura.

—Bien.

—¿Solo bien? —se enfadó la enferma—. ¿Tres meses por ahí,
5 vuestra primera gira, y cuando reaparecéis me decís solo que
bien? ¡Ya os estáis largando, idiotas!

—Ya te lo contamos todo en las cartas, mujer —manifestó
Eugenio.

—Tú ponte buena y verás —la animó Espe—. Ya le hemos
10 hablado al director de ti. Se llama Ernesto Cardús y es
sensacional. Va a preparar otra cosa para el próximo año y
cuenta con nosotros.

—Genial, ¿no?

—Sí —reconoció Eugenio—, y sigue estando el grupo. No te
15 olvides.

—¿Vas a volver a montarlo?

—Con vosotras dos —le guiñó un ojo él.

—No me necesitáis —manifestó Vero.

—Yo creo que sí. Esta es un petardo —puso cara de asco
20 dándole un suave toque a Espe.

—¡Qué burro eres! —logró hacerla reír.

—¿Qué tal tu madre? —Espe cambió el sesgo de la
conversación.

—Tan loca como siempre —puso cara de resignación—.
25 Pero creo que empiezo a entenderla —paseó una mirada por
el lugar, por el edificio, apenas visible entre los árboles, y se
llenó de aquel silencio—. La vida es corta y, como dijo alguien,
aunque es ancha, lo importante es que es demasiado corta
para perderla. ¿Y la tuya?

30 —Sale con amigas, va al cine, al teatro… Creo que estamos
en el buen camino.

—¿Y tu padre?

Espe bajó los ojos solo un momento.

—Están esperando una niña —susurró.

35 —¿Vas a tener una hermana? —exclamó Vero.

---

2 **la ternura** cariño, afecto – 19 **un petardo** *despect coloq* up o uc pesada, aburrida o
fastidiosa – 19 **el asco** aversión, odio, desagrado

—Una hermanastra… Bueno, sí —acabó aceptando—. Una hermana.

Eugenio miraba a su novia con orgullo. Vero lo notó. En su rostro revoloteó una luz de amable ternura. Recordó aquel
5 día, cuando despertó en el hospital con ellos al lado. Y recordó otros momentos, mientras ella empezaba a recuperarse. Otros castings, otros fracasos, hasta que por fin… Todo llegaba. Era cuestión de tiempo. Y de fe. Y de confianza. Y de no rendirse. Y de…
10 Creer en uno mismo.

Allí estaban ellos dos. La prueba.

—¿Qué tal estáis juntos? —preguntó.

—¡Ag! —Espe puso cara de fingido asco—. ¡Un latazo!

—¡Peor que eso! —la secundó Eugenio.
15 La hicieron reír, y supieron que solo por eso había valido la pena.

—Yo también tengo una buena noticia —murmuró Vero.

—Vamos, suéltala —la animó Espe.

—Por fin me ha vuelto el período.
20 —¿Sí? —abrió los ojos Espe.

—Dice el médico que es una muy buena señal, porque hay chicas a las que no les vuelve en meses, o en años. La verdad es que estoy contenta.

Al otro lado del riachuelo apareció una pareja de mediana
25 edad empujando una silla de ruedas. Pasaron igual que fantasmas por delante de ellos en un visto y no visto hasta desaparecer como habían surgido, tragados por la naturaleza. La chica de la silla tendría unos quince o dieciséis años y no pesaría más de treinta y cinco kilos, aunque lo de la edad era
30 bastante difícil de determinar, dado su aspecto.

—Se llama Teresa —dijo Vero—. Ha estado a las puertas de la muerte, como yo.

—Tú no te rendiste. Eres una luchadora —la animó Espe.

—Estaba loca, no veía lo que todos veían hasta que desperté
35 aquel día —reconoció Vero.

Aquel día.

---

1 **un hermanastro** medio hermano, up que solo tiene en común con otra uno de los padres – 4 **revolotear** *fig* agitarse – 6 **recuperarse** volver en sí o a un estado de normalidad después de una crisis o situación difícil – 8 **la confianza** esperanza firme; seguridad – 13 **un latazo** uc que causa disgusto, pesada o aburrida – 17 **murmurar** hablar entre dientes, suavemente; musitar – 25 **una silla de ruedas** Rollstuhl – 26 **visto y no visto** *expresión coloq* para uc que se hace o sucede con gran rapidez, muy rápido

Se callaron y se quedaron en silencio, con los ojos quietos en el sitio por el que había desaparecido el matrimonio con la chica de la silla de ruedas. Un eco procedente de ese lugar y de sí mismos les hizo sonreír con la mejor de las palabras flotando
5 por encima de aquel lugar.

Los tres, al unísono.

La palabra era esperanza.

Y se sintieron vivos para disfrutarla.

*Varadero y Vallirana,*
10 *junio—julio de 2001*

---

3 **procedente** que procede, viene de un lugar – 6 **al unísono** al mismo tiempo, a la vez

*Jordi Sierra i Fabra*

# El autor y su obra

Jordi Sierra i Fabra nació en Barcelona el 26 de julio de 1947. Tiene una clara y firme vocación de escritor desde muy joven, pues confiesa que dio sus primeros pasos con tan sólo ocho años de edad. Con doce escribió su primera novela larga, de quinientas páginas. Sus padres se mostraron poco entusiasmados con esta actividad, puesto que no confiaban en la profesión de escritor como un trabajo con futuro. Cuando terminó el bachillerato empezó a trabajar en una empresa de construcción. Tuvo sus primeras incursiones profesionales en la música, otra de sus grandes pasiones. Fue uno de los fundadores del programa de la Cadena Ser "El Gran Musical", y en 1970 abandonó los estudios para convertirse en comentarista musical, lo que le permitió viajar por todo el mundo con grupos y artistas del momento para cubrir sus actuaciones y escribir reportajes. Igualmente fue uno de los miembros fundadores de la revista Super Pop en 1977, dedicada a la música joven. En 1978, y tras nueve años, dimitió del puesto de director de Disco Expres, y fue finalista del Premio Planeta de Novela.

Su dedicación a la literatura se incrementó entonces. En 1981 logró el Premio Gran Angular de literatura juvenil por *El cazador*, y el éxito se repitió dos años más tarde con *En un lugar llamado tierra*. Volvió a hacerse con él en 1990 con *El último set*. A lo largo de su carrera ha obtenido cuantiosos galardones, como el Premio Barco de Vapor de literatura infantil (2010), el Ateneo de Sevilla en 1979, el Premio Edebé de Literatura Infantil (1993) y el de Literatura Juvenil (2006), el Premio A la Orilla del Viento de México (1999) y el Premio Nacional de Literatura Infantil y Juvenil en 2007, entre muchos otros. Ha impartido numerosas charlas sobre literatura infantil y juvenil, ocupación que sigue desarrollando aún hoy en centros de enseñanzas, bibliotecas y otras instituciones de España e Hispanoamérica. Cuenta con la Fundación Jordi Sierra i Fabra, creada en pos del fomento de la lectura y de la escritura entre los más jóvenes, la cual, desde 2006, entrega el premio literario que lleva su nombre para jóvenes escritores. Sus obras se sumaron una tras otra, al igual que los reconocimientos que ha cosechado a lo largo de su carrera. Algunos de sus libros han sido adaptados al teatro y al cine, y es uno de los autores más vendidos en nuestro idioma. Entre sus trabajos también encontramos numerosas biografías de artistas internacionales de rock como John Lennon, Michael Jackson, Bob Dylan, The Beatles o The Rolling Stones.

# Abreviaturas y símbolos

| | | |
|---|---|---|
| *adj* | = | Adjektiv, adjetivo |
| *adv* | = | adverbio |
| *ant* | = | antiguo |
| *aquí:* | = | señala un significado específico de la palabra en el contexto |
| *aum* | = | aumentativo |
| *coloq* | = | coloquial |
| *cul* | = | cultismo (bildungssprachlich) |
| *despect* | = | despectivo |
| *dim* | = | diminutivo |
| *Esp* | = | peninsularismo, término o expresión del español de la Península Ibérica |
| *euf* | = | eufemismo |
| *etc* | = | etcétera |
| *etw* | = | etwas |
| *f* | = | femenino |
| *fam* | = | lenguaje familiar |
| *fig* | = | lenguaje figurativo |
| INF | = | infinitivo |
| *interj* | = | interjección |
| *iron* | = | irónico |
| *jmd* | = | jemand |
| *lit* | = | literario |
| *loc* | = | locución, giro idiomático |
| *m* | = | masculino |
| *p ej* | = | por ejemplo |
| *pl* | = | plural |
| *s* | = | singular |
| SUST | = | sustantivo |
| *sup* | = | superlativo |
| *uc* | = | una cosa, algo |
| *up* | = | una persona, alguien |
| *vulg* | = | expresión vulgar |
| ≠ | = | contrario de |
| → | = | remite a una palabra ya conocida |